# 生涯教育

## 初中版 下册

朱桦 主编

满园 刘礼功 副主编

中国纺织出版社有限公司

## 内  容  提  要

本书旨在让初中阶段的孩子系统地了解整个初中生涯阶段性的学习内容，全书共分上、下两册，下册主要介绍了生涯规划与心理健康、专业与职业选择、职业探索、生涯素养、生涯抉择等内容。全套书可作为中学生涯规划老师、心理教师、初中生父母及从事心理教育、生涯教育从业者的自我研修读物，也可作为生涯教育讲师完成授课任务的参考用书。

### 图书在版编目（CIP）数据

生涯教育：初中版.下册/朱桦主编；满园，刘礼功副主编. --北京：中国纺织出版社有限公司，2024.1
 ISBN 978-7-5229-1254-7

Ⅰ.①生… Ⅱ.①朱… ②满… ③刘… Ⅲ.①职业选择—初中—教学参考资料 Ⅳ.①G634.933

中国国家版本馆CIP数据核字（2023）第238741号

---

责任编辑：刘 丹　　责任校对：寇晨晨　　责任印制：储志伟

---

中国纺织出版社有限公司出版发行
地址：北京市朝阳区百子湾东里 A407 号楼　邮政编码：100124
销售电话：010—67004422　传真：010—87155801
http://www.c-textilep.com
中国纺织出版社天猫旗舰店
官方微博 http://weibo.com/2119887771
天津千鹤文化传播有限公司印刷　各地新华书店经销
2024 年 1 月第 1 版第 1 次印刷
开本：889×1194　1/16　印张：12.5
字数：305 千字　定价：88.00 元

---

凡购本书，如有缺页、倒页、脱页，由本社图书营销中心调换

# 目 录

## 第五篇　人际交往训练

### 第一章　学会与人交往，做一个高情商的人　2
第1节　懂得沟通：从倾听开始　2
第2节　学会表达，善于沟通　10
第3节　学会自我反思：与自己和平相处　16
第4节　珍惜花季年华：初中生的异性交往　23

### 第二章　学会感恩：做一个懂得感恩的人　30
第1节　亲子和睦：如何与父母相处　30
第2节　爱的温暖：学会感恩　38
第3节　在团队中成长：学会合作　46

## 第六篇　生涯规划与心理健康

### 第一章　完善自我：塑造健全人格　58
第1节　生涯规划与心理健康　58
第2节　培养意志力　61
第3节　学会面对挫折　70

### 第二章　自我管理：做情绪的主人　77
第1节　自我管理　77
第2节　学会管理情绪　86
第3节　提升自信心　98

# 第七篇　专业与职业选择

## 第一章　认识专业：学科与专业　106
### 第1节　认识专业　106
### 第2节　初中学科与成绩等级划分标准　112
### 第3节　新高考对初中生的影响　112
### 第4节　了解大学　113

## 第二章　职业探索，放眼看世界　122
### 第1节　了解职业　122
### 第2节　专业与职业的关系　128
### 第3节　生涯家谱　129
### 第4节　我的职业体验：工作影子　131

# 第八篇　生涯素养与抉择

## 第一章　生涯素养：做真实快乐的自己　136
### 第1节　生活能力训练　136
### 第2节　生理与心理健康　141
### 第3节　管理闲暇　149
### 第4节　学会理财　154

## 第二章　生涯抉择：放飞梦想　163
### 第1节　确定我的目标　163
### 第2节　了解高中生活　176
### 第3节　认识多彩的职业高中　181
### 第4节　与未来相约　187

参考文献　195
后　记　196

# 第五篇　人际交往训练

人际交往也称人际沟通,指个体通过一定的语言、文字、肢体动作或表情等表达方式将某种信息传递给其他个体的过程。就是人与人之间通过一定方式进行接触,从而在心理上和行为上产生相互影响的过程,在交往的基础上形成的人与人之间的心理关系称为"人际关系"。

心理学中将人际关系定义为人与人在交往中建立的直接的心理上的联系。常指人与人交往关系的总称,也称为"人际交往",包括亲属关系、朋友关系、同学关系、师生关系、同事关系、领导与被领导关系等。

初中生正处于人生发展的重要阶段,人际关系比小学阶段更加复杂和多元。在人际交往中,初中生往往通过不断体验和感受他人评价以及不断调整自我评价,从而逐渐走出依赖、偏激、自我封闭的状态。人际交往障碍,会给他们的学习、生活、情绪、健康等方面带来一系列不良影响。

人际交往能力是一项非常重要的能力,对于个人的职业发展、社交能力、学习能力等方面都有着重要的影响。因此,我们应该注重培养自己的人际交往能力,提高自己的沟通和交流技巧,让自己在各个方面都能够更好地与他人进行沟通和交流,从而更好地适应社会的发展。

# 第一章　学会与人交往，做一个高情商的人

知人者智，自知者明，胜人者有力，自胜者强。

——《道德经》

## 第1节　懂得沟通：从倾听开始

心理学强调，一个善于沟通的人首先应该是一个合格的听众。在"说"之前，先学会"听"。在听懂了对方意思的前提下，选择合适的话题与对方沟通。

倾听是一门艺术，一个人对他人感兴趣的最好、最简单、最有效的方式就是倾听他们说话——认真地听，关注他们说的每一句话，而不是一边听一边盘算自己接下来说些什么话题，甚至是奇闻趣事。

有效沟通，首先要学会聆听，悉心地倾听，能够表明你对对方的重视和尊重，能够获得对方的好感，这是走进他人内心的钥匙。

### 生涯困惑

最近，王帅感到很苦恼，上初中前，他感觉自己很受欢迎，与伙伴们相处融洽，大家都很乐意跟他交朋友。可是上初中后，他发现好多伙伴都躲着他，甚至疏远他，不愿意与他说话，甚至不愿意听他说话，他不知道自己到底哪出了问题？

**点评**：在人与人的交往过程中，如果你在跟别人谈话时，对方将脸扭向一边，或者手中正在忙活自己的事，对你说的话漫不经心，爱理不理，这可能是因为你在与他人交往时，过于在意自己的表现，忽视了他人的感受，慢慢地别人会感觉你不太懂得尊重他人，于是表达的欲望就少了，与你沟通也少了。"听"比"说"做起来更需要毅力和耐心，只有听懂别人表达的意思，才能更好地沟通，事情才能解决得更圆满。沟通就好像一条水渠，首先要两头通畅，就是指我们要打开自己的耳朵，倾听别人说话。关上耳朵，张开嘴巴的谈话，不能算是沟通。倾听是说的前提，先听懂别人的意思，再说出自己的想法和观点，才能更有效地沟通。因此，良好的沟通，需要从学会倾听开始。

## 生涯测试

### 倾听习惯问卷调查

请根据自己的实际情况，在下面的题目中，选出最符合的一个选项。

（1）在课堂上，你什么时候听得最认真？（　　　）

A. 刚上课时　　　　　　　　B. 老师讲新知识时

C. 同学发言时　　　　　　　D. 讲评练习时

（2）你不专心听老师讲课的主要原因是什么？（　　　）

A. 老师讲的内容我已经懂了　　B. 老师讲的我都听不懂

C. 班级课堂纪律不好　　　　　D. 管不住自己

（3）你有时不专心听同学发言，原因是什么？（　　　）

A. 同学表达不清楚　　　　　　B. 发言的声音太小

C. 发言的同学思考的时间太长，没有马上发言

（4）老师讲评练习或作业时，你的表现是什么？（　　　）

A. 认真听，按要求回答　　　　B. 认真听但不发表意见

C. 做小动作，和同学说悄悄话

（5）小组合作交流时，你的表现是什么？（    ）

A. 争着说，抢着说　　　　　　B. 认真听，轮流说

C. 认真听但不发言　　　　　　D. 不听也不发言

（6）你旁边的同学上课不专心，你会怎么做？（    ）

A. 制止他，让他好好听讲　　　B. 和他一起玩或说话

（7）对于别的同学的发言，你一般会怎么做？（    ）

A. 认真倾听　　　　　　　　　B. 认真倾听，有意见敢于提出

C. 不予理会

（8）同学对你的发言提出意见，你会感到？（    ）

A. 很有兴趣　　　　　　　　　B. 没感觉

C. 反感

（9）老师分析试卷的时候，你会怎么做？（    ）

A. 认真听每一道题目　　　　　B. 只听自己错的题目

C. 不想听

（10）别人说话时，你会怎么做？（    ）

A. 静静地、耐心地听他们说完　B. 中间打断，插嘴

C. 不爱听，忙自己的事

（11）别人给你提意见时，你会？（    ）

A. 耐心地听完　　　　　　　　B. 不听，扭头就走

C. 很生气，和他吵

（12）老师讲的内容你已经学会了，你会怎么做？（    ）

A. 依然认真听　　　　　　　　B. 假装认真听，思想开小差

C. 不听，自己玩

（13）同学的发言和你不同时，你会怎么做？（    ）

A. 认真听，分析有无道理　　　B. 抢着说自己的答案

C. 笑话他

（14）与同学在一起讨论时，你会怎么做？（　　）

A. 感兴趣的事认真听，不感兴趣的事不听

B. 感兴趣的事认真听，不感兴趣的事也认真听完

C. 都认真听，并且发表自己的感受

（15）在平时，与老师、家长的交流中，你会怎么做？（　　）

A. 耐心、虚心地听　　　　　　B. 不屑一顾，我行我素

## 生涯名词

### 倾听

倾听是用心听、积极听、认真听、耐心听，对听到的内容有所反应，并给予表情和语言的反馈。倾听是有效沟通的前提，只有倾听，才能够使彼此思想达成一致，感情交流顺畅。

心理学家研究表明，在人的各种交往中，听占 45%，说占 30%，读占 46%，写占 6%。人的倾听能力直接影响人的社交能力。

人际沟通中，不是说的话多别人就喜欢你，关键在于你是否能耐心地倾听别人说话，并对别人说的话给予适当的反馈，以表达对对方的尊重以及对对方说的话感兴趣。倾听，是获取知识的一种手段，是人际交往不可或缺的本领，是事业成功的前奏。它是一种能力、一种素养、一种品质。倾听既是尊重自己，也是尊重别人。善于倾听的人，也必是一个专心致志的人。

## 生涯体验

体会"聽"（图 5-1）。

**活动步骤：** 闭上双眼，找一个自己认为最舒服的姿势。除去杂念，认真听周围的各种声音，尽量不要想象，记住自己听到的声音，认真听，用心体会。

时间：1 分钟。

**小组分享**

我听到的声音是：＿＿＿＿＿＿＿＿＿＿＿＿＿＿＿＿＿＿＿＿＿＿

小组其他人听到的声音是：＿＿＿＿＿＿＿＿＿＿＿＿＿＿＿＿

为什么有所不同：＿＿＿＿＿＿＿＿＿＿＿＿＿＿＿＿＿＿＿＿

小组讨论并汇报发言：＿＿＿＿＿＿＿＿＿＿＿＿＿＿＿＿＿＿

"聽"（图5-1）的含义是：＿＿＿＿＿＿＿＿＿＿＿＿＿＿＿＿

图5-1

**总结：感悟"听"的智慧**

**影响倾听的因素**

倾听失败的原因包括外部因素和内部因素，其中外部因素包括环境干扰和噪声干扰；内部因素包括认知偏差、自以为是、急于表达等。

为什么倾听会失败？一个人思考的速度总是比说话的速度快。说话的标准速度是每分钟150~160个字，而一个人每分钟最多能听300个字或更多，而不会打断讲话人的思维过程。这两种速度之间的差距使人们难以耐心倾听，从而产生了注意力不集中、不等对方说完就插话、不能掌握对方说话的实际意思等问题。此外，在沟通过程中，一些外部因素的干扰也会导致倾听失败。影响倾听的因素有很多，按其来源可分为外部因素和内部因素。

1. 外部因素

（1）环境干扰。环境嘈杂会使人心情烦躁，无法集中注意力，严重影响倾听的效果。

（2）噪声干扰。噪声干扰不仅指声音的干扰，如扬声器的音量过小，背景声音过大；还指其他方面的干扰，如刺激的气味，过高的室温等。噪声干扰还包括心理方面的干扰，如走神（不理解、不想听、不注意、出于习惯）。

2. 内部因素

在沟通过程中，造成沟通效率低下的最大原因是听者本身。心理过滤器或先入为主的观念会使人对对方的话做出预先判断。导致倾听失败的内部因素主要在以下几个方面。

（1）认知偏差。一个人在面对两个或多个对立的观点时，会感到冲突。听了那些与原有认知相矛盾的信息，也会使人感到矛盾。为了减少这种矛盾，我们通常会忽略那些引起矛盾的信息。

（2）自以为是。人们往往认为自己是对的，在倾听过程中，会倾向于倾听与自己观点一致的意见，往往忽略了不同的意见，因此常常错过倾听他人意见的机会。

（3）急于表达。很多人认为，只有说话才是表达自己和说服对方的唯一有效方式，如果想掌握主动权，就必须说话。在这种思维习惯下，别人还没说完，就容易不耐烦地打断对方。

**正确的倾听行为表现**

（1）专注。不要分心或打断对方，而是集中注意力听对方说话。

（2）表示关注。通过点头、保持眼神接触或者进行适当回应，让对方知道你在关注他。眼睛注视说话的人，将注意力始终集中在别人谈话的内容上；用点头、微笑表示你理解对方的想法。如不赞同对方的观点，仍要保持尊重的态度。

（3）不要评判。不要在头脑中判断对方所表达的意思，并试图去改变他的观点。

（4）提出问题。如果你没有听清或者不理解对方所说的话，问清楚他的意思。在别人说话内容较多、较长或言语不简洁时，不要随便打断对方，发表自己的看法，应等别人说完再发表不同意见或补充，在表达自己意见时也要以"我认为""我想补充说明"等比较温和的方式交流。

（5）做出反应。一旦你听到了对方说的话，要及时给予合适的回应，这样对方会知道你真正地听懂了他所说的话。

（6）记得重复概括。在听完对方所说的话后，概括一下你所听到的内容，并再次确认，这样可以减少误解。

### 倾听的方法

诚心：抱着谦虚的态度听。对方在讲话时，眼睛看着对方，表示你尊重对方，在认真听他讲话时，千万不要出现东张西望、心不在焉的不礼貌行为。

专心：仔细地听，不要三心二意，上课时听到重要的内容可以做笔记。在倾听对方讲话的过程中，听准内容，看准时机，适时向对方请教一些相关的问题，让对方有成就感和满足感，同时，让你获得对方的信任。

耐心：不要轻易打断别人讲话，随意打断别人讲话，是一种极不礼貌的行为。打断别人讲话，一是无法听完对方要表达的完整信息，二是令对方明显感到你对其不尊重，最终你将成为不受欢迎的人。

应心：给予适当的回应，鼓励对方说下去。在认真倾听对方讲话时，要保持微笑，偶尔点点头，让对方感受到你对话题感兴趣，认同对方的观点，在心理暗示中产生共鸣，有效激发对方的讲话热情。

### 改变倾听的四种方式

每个人都需要有意识地去倾听。在我们的生活里，我们更需要把倾听转变成有意识的行为。有四种方式可以改变自己的倾听习惯，我们可以尝试这些方法，学习倾听。

（1）沉默。每天拿出三分钟时间练习静默。可以让耳朵复位和重新校准。

（2）混合器。在嘈杂的环境中分辨有多少种声音。

（3）品味和享受平凡的声音，例如洗衣机声音、咖啡研磨机声音。

（4）选择当时情境下最适合的倾听状态。

倾听是沟通交流中最重要的环节，通常需要长时间的训练。训练自己放下判断、比较、批评、抱怨等阻碍我们倾听的情绪，无条件地听对方的话语并感受他们的情绪和能量。

**总结**：掌握倾听的技巧，迅速提升高情商的沟通能力。倾听是一种行为，也是一门艺术；倾听是一种关怀，也是一种温暖；倾听是一种尊重，也是一种美德。倾听可以使对方感受到被尊重，促进双方在友好的气氛中交流。倾听可以赢得友谊，增进朋友间的感情，赢得他人的信任。

## 生涯训练一

### 倾听练习

**活动准备**：小组内部以顺时针方向，三人为伴：一人扮演诉说者，一人扮演倾听者，一人扮演观察者。每个人轮流扮演三种角色各一次，并在角色扮演过程中去深刻体会不同的感受。

**活动步骤**：诉说者：三分钟诉说一个话题，发起会话。

倾听者：耐心倾听，积极回应，诉说者不主动发起会话。

观察者：不参与会话，观察两人的会话情形。

活动结束后分享感受。小组内部每个人分享担任三个角色的感受，总结人际交往中我们应当注意的问题。

作为诉说者，我的感受是：_____

作为倾听者，我的感受是：_____

作为观察者，我的感受是：_____

### 生涯训练二

传话训练

**活动准备：** 每一组同学小声地把话传给本组后一位同学，不让其他同学听到。

**活动步骤：**（1）老师把纸条给每组的第一桌同学看。

（2）第一桌同学小声地传给第二个同学，依此类推，直到最后一组同学。

（3）各组最后一桌的同学起立，依次说出自己听到的话，看看哪组说得最准确。

我觉得要想在这个游戏中获胜，需要做到的是：_____

# 第2节　学会表达，善于沟通

表达清晰、交流顺畅是沟通良好的基本表现。此外，善于沟通的人，对别人的想法常常表现出浓厚的兴趣，并且在倾听时非常专注。他们还会运用特别的沟通技巧，以达到更好地理解和相互交流的目的。掌握沟通技巧，让自己事半功倍。

### 生涯困惑

小林以前与班主任陈老师的关系非常好，但是自初二以来，他感觉陈老师对他越来越冷漠，有时在陈老师面前，他也不知道说什么，感觉特别别扭，他也感觉班上的小伙伴们好像没过去那么真诚相待了。他越来越困惑，不知道该如何与他人相处。

有一次，小林没有认真理解课文的内容。下课后，老师对他说："小林，不弄懂课文可不行啊！这样吧，咱们把这篇课文抄10遍。"第二天，小林把抄好的课文交给老师。老师一看，问道："你怎么只抄了5遍？"

"咦？老师，您自己说'咱们把课文抄10遍'，那就应该是我抄5遍，您抄5遍呀！"

想一想：小林为何误解了老师的意思？

**点评**：沟通的前提是要去理解对方的问题及表达的意思，理解能力是形成良好沟通的重要能力之一。沟通中互相传递的信息，对于同样的信息不同的人有不同的理解，对同样的问题也有着不同的理解，这样很容易引发沟通的障碍。人与人的和谐相处，是建立在彼此平等、尊重的基础上，沟通上的技巧的确是处理人际交往的一把利剑。

迈入初中阶段，随着生理与心理的变化，我们在人际交往中也逐步形成了自己的独立意识。一个善于沟通的人，在人际交往中会如鱼得水。学会与他人沟通，不仅有利于人际关系的建立，还有利于未来的职业发展，与形成良好的人际关系及自我人格的发展有直接关系。

## 生涯测试

沟通能力自测

请根据自己的实际情况，在表5-1中选择最符合自己的选项，并在相应一栏中画"√"。

表5-1

| 问题 | 非常符合 | 不太符合 | 不符合 |
| --- | --- | --- | --- |
| 无论任何场合，我都比较注意个人形象 | | | |
| 交谈时，我能做到安静且认真地听别人讲话 | | | |
| 交谈时，我时常赞美，特别是我能做到理解他人 | | | |
| 我能做到理解他人 | | | |
| 我对别人可以做到宽容 | | | |
| 我和异性能保持适当的距离 | | | |
| 我认为周围大多数人都是值得信任的 | | | |

续表

| 问题 | 非常符合 | 不太符合 | 不符合 |
|---|---|---|---|
| 我通常可以给人留下良好的第一印象 | | | |
| 老师与同学对我的评价都不错 | | | |
| 我能够接受别人和我不一样的观点和习惯 | | | |

## 生涯名词

沟通

沟通是人与人之间、人与群体之间，思想与感情的传递和反馈的过程，以求思想达到一致和感情的通畅。沟通是人们分享信息、思想和情感的过程。沟通不仅包括口头语言和书面语言，还涉及形体、个人的习惯等。人与人之间靠沟通实现关系往来、互通有无、目标达成。良好的人际关系是靠沟通实现的。那么，怎么样才算会沟通呢？

1. 把握好说话的分寸，懂得祸从口出的道理

人与人之间沟通时，要注意说话的方式，无论是陌生人，还是最熟悉的好朋友都应该注意说话的分寸，不要什么话都说，要顾及别人心里的感受。要知道，每个人都是好面子的，要懂得维护别人的面子，说话要经过大脑仔细斟酌。在与人相处时，千万不要在公共场合揭对方的短处，这会让对方尴尬至极，严重者会跟你绝交。人与人之间的交往一定要懂得尊重对方，不要说一些令对方难堪的话。

2. 把握人与人之间的界限感，懂得尊重对方

人与人之间相处时，要保持一定的距离感，也要懂得彼此之间的界限感，不该管的事情不要管。让对方独自处理好事情，给他足够的尊重，可以提建议，但不能为对方做决定。比如好朋友之间，当他拿不定主意时，会跟你倾诉，这时你只需要给他一个合理的建议，帮助他分析问题，最后的决定由他自己做。

3. 勇敢说"不"，懂得委婉地拒绝

人与人之间交往时，最难做出的决定就是拒绝。有时候，直白地拒绝会简单明了，效果也会很明显，但它的缺点就是让彼此之间的气氛显得十分尴尬，如

果处理不好，还会影响双方之间的关系。如果不想让彼此尴尬，可以间接委婉地拒绝，如巧妙地转移话题，表示自己不想再继续谈论原话题，间接地拒绝对方。

4. 用"同理心"读懂对方，懂得换位思考

人与人之间的沟通，要敞开心扉，真诚相待，最重要的是要有一颗"同理心"，用心去体会对方的感受，懂得用换位思考的方式去了解对方的想法。学会察言观色，尽快地抓住对方想说的话题，把话说到点子上，让对方对你产生兴趣，愿意继续跟你沟通交流。

总之，沟通能力是一个人生存与发展的必备能力，也是决定一个人成功的必要条件。未来的职业发展都需要良好的沟通能力，沟通能力的培养，只有遵循"敢于沟通，坚持沟通，善于沟通"的原则，才能在不断突破自我中提升。

**生涯体验**

照镜子

通过"照镜子"，体会这个游戏与沟通有什么关系，回答沟通中需要注意什么。

**活动步骤：**（1）两位同学面对面，其中一位同学做任意动作，另一位同学充当这个人的镜子来反射他的动作。

（2）两人调换角色，重复前一个步骤。

（3）表演的同学和观看的同学发表感想，谈谈这个游戏与沟通有什么关系。

**沟通的技巧**

1. 耐心倾听

倾听并理解是有效沟通的前提。我们需要认真倾听对方说话的内容，并且理解对方的意图和需求。只有当我们真正理解对方的想法和需求时，才能够更好地进行沟通和协商。

## 2. 适当赞美

真心的赞美没有人会拒绝，更没有人会抱怨，这是一种人本能的需要，也是一种自我价值的体现。人们就是在别人的赞美声中认识到自己的存在价值，从而获得社会满足感。一个热情友好的赞许才能换取对方同样的态度，为相互沟通创造一个良好的契机。

## 3. 察言观色

察言观色就是观察别人的话语和神情，进而揣摩别人的心意。每个人心中所思所想，都会不自觉地流露在脸上，表现在说话的语气和声调中。通过这些，可以快速地对一个人进行大致判断，帮助自己洞察人心。学会察言观色，才能投其所好。

## 4. 求同存异

世界上没有任何两片相同的叶子，每个人也是不尽相同的，总是会存在不同的模样、想法、理念。在这样的情况下，人与人之间的沟通交流、合作需要求同存异，只有这样，人与人之间的关系才能够更加和谐稳定地发展。

## 5. 谅解包容

人与人之间交往，难免会出现摩擦，如果没有宽容和理解，微小的矛盾也会成为一个无法跨越的鸿沟，所以需要沟通，去化解矛盾，建立和谐的人际关系。每个人之间都存在差异，要学会理解别人，包容别人的过失和无礼，营造和平相处的气氛。宽容是一种高尚的美德，想要学会宽容首先需要懂得放得开，而不是心胸狭隘。想要真正地宽容他人、理解他人，就要从他人的角度看待事情，学会尊重与被尊重，这是人际交往的重要方面。

### 生涯训练一

"我说你猜"

**活动步骤：**（1）老师给出四个成语。例如，东张西望、欢呼雀跃、左顾右盼、眉来眼去等。

（2）每个成语让一位同学来表演，其他同学猜他表演的是哪个成语，表演的同学只可以用肢体语言和表情，不能说话。

（3）沟通不仅依靠口头语言，肢体语言和表情也能表达出很多含义。那么，在生活中我们需要注意什么呢？

### 生涯训练二

说话技巧训练

说话是一门学问，也是一门艺术。想要达到目标，就要想一想话要怎么说才能让沟通更有效。很多时候，问题的关键不在于我们说了什么，而是在于我们怎么说。下面就来练习一下说话的技巧吧！

| 这样说话 | 不如 | 这样说话 |

```
这事都怪你                    我也有不对的地方
是你先惹我的
你应当对这件事负责
我觉得我没有错
```

表达感受时，清楚地将自己的感受表达出来，配合一些合适的非语言信息。这种方式在感情受到触动时运用更为有效。

**表达感受应做到以下几点**

（1）明白清楚地陈述经历的感情。"我的观点是""我相信""我想""我建议""因为""我的理由是""首先"……

（2）说明为何有这种感受。

（3）语调动作应有力、果断且肯定。

### 生涯训练三

"反向运动"

**活动步骤：**（1）全体起立，老师喊"前"学生全体向后转，喊"后"学生原地不动；喊"左"学生向右转，喊"右"学生向左转。

（2）做错的同学来到前面，站成一排，一起对着同学们说"对不起，是我的错"，其他同学对着他们说"没关系，我们继续努力"。

（3）大家分享，当自己做错时是什么样的心情，承认错误并且得到对方的原谅时是一种什么样的感受。

**总结：**与人沟通，真诚坦率有耐心，不随意指责对方，包容他人与自己的不同，多换位思考，才会更有效。

## 第3节　学会自我反思：与自己和平相处

### 生涯困惑

小芳与小丽都来自一个普通家庭，上初一以来她们就分配在同一个宿舍。宿舍住了4个人，在生活中，由于大家饮食习惯不一样，难免会有一些小摩擦。

小芳与小丽常常因为吃螺蛳粉的事导致关系紧张。小芳对于螺蛳粉有着狂热的偏爱，而小丽对螺蛳粉的味道却难以忍受。她们俩就因为螺蛳粉可不可以在宿舍里吃吵起来，老师因为这件事找了她们谈话，让她们自己反思一下，并让她们给出解决矛盾的办法。

后来，她们俩和解了，相互体谅。她们俩约定了一个规则：小芳会在小丽不在宿舍的时间段吃，或者打开宿舍门通风透气……自从她们和解后，宿舍里几人的关系越来越融洽了。

**讨论**

（1）请问从她们吃螺蛳粉这件事上，你发现了什么？

（2）当你犯错误时，你是先追究他人责任还是先反省自己？

（3）你是怎样理解"反思"的？

**点评**：反思也叫"反省"，反省自己是一个人自我教育的过程。反思自己，首先是要看到自己的优缺点，学会时常反省自己。要学会战胜自己，就要用真诚的态度反思自己的不足之处。只有真正地认识自己以后，才能做出正确的判断，才能学会踏踏实实地做那些适合自己的事。我们有了反思精神，才能使自己朝着正确的方向前进。

古语说："以人为鉴，可知得失。"经常反思的人，不但能够证明自己的能力，培养自己的毅力，而且可以让自己的人际关系的脉络延伸。对于我们来说，在不断学习科学知识和专业知识的同时，学会反思自己，使自己具有良好的思想品德和行为规范，这是帮助我们走向成功的有效方法。

### 生涯测试

自我反思能力问卷调查

请你在下列每道题中，选择最符合自己真实情况的一个选项：A. 是这样；B. 基本是这样；C. 很少这样；D. 从来没有。

（1）我对自己的学习一直都保持着积极的反思态度。（　　）

（2）每次下课后，我经常会反思自己对这节课的所得所失。（　　）

（3）自己能够通过实践，不断地反思找出学习需要努力的方向，确定下一

阶段的学习方案。（　　）

（4）每次考试后，我都会在老师批改和评讲中反思。（　　）

（5）上课之前，我经常反思自己的学习准备情况，明确自己不懂的问题，带着问题去上课。（　　）

（6）我能够倾听和接纳父母、老师对我的建议和指导，并不断修正自己。（　　）

（7）尽管学习任务重，但还是每天挤出时间进行反思。（　　）

（8）我总能通过对自己的学习思路与过程的反思，发现学习中的问题。（　　）

（9）在学习时，我会与同学交流学习的体会和经验，了解他人的学习方法，反思自己，发现自己学习中的问题。（　　）

（10）遇到做不出的题目时，我会换一种思路重新审视自己的解题思路。（　　）

（11）我能通过反思认识到自己身上存在的不足，会找出问题的根源。（　　）

（12）我经常回顾学习中的失误，主动查找原因，总结解题规律和方法。（　　）

（13）我会在反思中找到快乐与成就感。（　　）

## 生涯名词

### 自我反思

自我反思是指检查自己的思想行为，检查其中的错误。曾子云："吾日三省吾身，为人谋而不忠乎，与朋友交而不信乎，传不习乎？"想让自己变得更好，我们应该学会自我反思，学会反思自己。一个人的生活、学习、工作中有顺境，也有逆境。无论是顺境还是逆境，都要时刻记住反思自己，防止自己的骄傲情绪膨胀，走向极端，使好事变坏，坏事更糟。反思属于自我思考的一部分，一个人的成长与进步离不开思考。反思让人更加警惕、严谨、聪慧、成熟，不断完善自己。

### 了解自己是学会反省的前提

（1）要"认识自己"。即了解自己，了解自己的能力，挖掘自己的优缺点，敢于反省，敢于正视并接纳自己。

（2）要诚恳地对待自己。对自己的想法或行动要真诚对待，分析问题的原因，寻找症结所在，有则改之，无则加勉。

（3）要经常放松自己。无论做什么事情，都要掌握一个度，在学习和生活方面做到有张有弛，多多参加体育运动，经常给自己的身心松松绑。

（4）做到宽容大度，有容人之量。从表面看是宽容别人，其实是宽容自己。在现实中，如果一个人学会了与自己相处，那么，在心灵深处就有了幸福快乐的源泉。

### 你是快乐的源泉——需求层次理论

美国著名心理学家马斯洛于1943年提出了著名的"需求层次理论"。该理论认为，人的需要由低层次向高层次依次分为生理需求、安全需求、归属与爱需求、尊重需求和自我实现需求，并且认为只有低层次的需求部分或者全部满足，才能实现高层次的需求。

需求层次理论将人类的需求像阶梯一样从低到高分为五个层次，分别是：

（1）生理需求：维持自身生存的最基本要求，包括衣、食、住、行等方面。

（2）安全需求：保障自身安全、摆脱失业和丧失财产威胁等方面。

（3）归属与爱需求：包括感情的需要和归属群体。

（4）尊重需求：包括自我尊重和受到他人的尊重。

（5）自我实现需求：实现个人理想、抱负，发挥个人的能力。

前三项需求属于低层次需求，通过外部条件就可以满足；后两项需求属于高层次需求，通过内部因素才能满足，且需求是无止境的。低层次的需求基本得到满足以后，激励作用就会降低，高层次的需求会取代它成为推动行为的主要原因。

根据"需求层次理论",以"我的需求满足了吗?"为题,结合下面的问题进行集体讨论与分享。

(1)你现在处于学习的什么阶段?

(2)在学习中得到什么乐趣?你对现在的学习状态满意吗?

**总结**:人际交往能力在一个人的成长过程中起着非常重要的作用,人际交往能力的高低直接影响着初中生的健康成长。当前,初中生因自我意识水平、安全感需求、归属与爱需求、尊重需求的满足情况不同,导致人际交往存在一定的差异。而良好的人际关系是初中生顺利完成学业和健康成长的基础。马斯洛的需求层次理论作为著名的心理学理论之一,不同层次需求的满足情况,直接影响着初中生的人际交往。基于马斯洛的需求层次理论,目前初中生的人际交往存在以下不足:

(1)安全感不足,导致人际交往时难以建立信任感。

(2)归属感不足,导致人际交往过程中难以融入集体。

(3)爱的需求不足,导致人际交往时情感淡漠现象时有发生。

(4)尊重体验不足,导致人际交往时难以包容对方。

因此,应提升初中生的人际交往能力,传授建立良好人际关系的技巧,引导学生树立正确的人际交往观,掌握一定的人际交往技巧,同时加强对学生的素质教育,营造学生建立良好人际关系的氛围。

### 接纳内在的自己

接纳自我,就是对自己身上所有的特质(包括积极特质与消极特质)无条件地完全接受。

对于积极特质,要毫不吝啬地认可与赞美,这一点并不难做到。而真正地实现自我接纳,关键在于接纳自己的消极特质,即接纳那些你并不满意的部分。

很多人以为,接纳消极特质,就是放弃和躺平。这是不正确的。放弃和躺平，只是给自己发了一张拒绝任何成长的通行证。相反地，接纳消极特质，是实现自我进步的起点。很多人无法接纳自己，源于外在的评价标准。外在的评价标准，让我们陷入和他人的比较中，一旦有人比我们好，自己又达不到时，就会怀疑和否定自己，进而无法接纳自己

例如，不自信、胆小是客观存在的性格特质，你认为自己不应该是这样的，不愿意承认和接受它们，总想表现出符合内心预期的理想性格，例如自信、勇敢。于是，你一次又一次地压抑排斥它们，但被压抑的它们不会消失，它们会反击你，就像作用力与反作用力一样，你排斥压抑得越厉害，它们对你的反噬折磨也就越厉害。它们会给你的内心带来持久的困扰和痛苦，会让你的内在无法和谐。它们本就是真实的自己，接纳自我就是要接受自己最真实的一面，接纳自己的胆小，接纳自己的小气，接纳自己的不自信，然后，你的内在才会开始真正地改变和成长。

当我们可以看见真实的自己，承认自己的有限性，就可以摆脱外界的评价标准，这时自己的内心才是真正的强大。人内在自我成长的四个步骤是，看到、接纳、宽恕、成为自己。

## 生涯训练

### 接纳自我

根据人的主观情绪检验划分，人的主观情绪可能有以下三种情况。

第一种：我好可怜！我平时对他付出了尊重和关爱，却没有得到对等的回报。——抱怨者

第二种：这不是我的错！这样一个小问题，他却小题大做，还有意针对我，典型的涵养不够！——指责者

第三种：这全是我的错！就怪我没有做好，给别人带来了麻烦，我为此很自责。——羞愧者

上述三种情况中，你属于哪种情况？我们看到了它们有什么共性？

"受害者"的标志：他相信自己过去比现在更为强大，于是他困在过去的故事里，抱怨问题，指责别人或是环境，为自己的行为感到羞愧和懊悔。

"受害者"习惯（抱怨、指责、羞愧）正是抢走快乐的3个小偷。

### 生涯游戏

"我喜欢我自己"

**游戏规则**

（1）大家站立起来，和你身边的一位同学面对面站着。然后，面带笑容地大声重复三遍：

"我喜欢我自己！"

"我爱我自己！"

（2）请写下自己最棒的10个特质。

我喜欢我自己，因为：_____

_____

_____

---

"爱自己"的箴言

爱自己，是不责备自己的过错；

爱自己，是不使自己被痛苦笼罩心灵；

爱自己，是不苛求自己；

爱自己，是不用他人的错误惩罚自己；

爱自己，是不用厌恶的眼光看待自己；

爱自己，是不妄自菲薄；

爱自己，是不拒绝友善的帮助；

> 爱自己，是不性急，是忍耐和等待；
>
> 爱自己，是不轻视自己的健康；
>
> 爱自己，是不害羞，对自己说"我爱你"；
>
> 爱自己，是不拖拉行事，说做就做。
>
> 爱自己，是从现在开始，每个清晨对着镜子大声呼喊：
>
> **我喜欢我自己　我爱我自己！**

## 第4节　珍惜花季年华：初中生的异性交往

初中生正处于青春发育期，这是一个身心都发生极为显著变化的阶段。处于青春期的少男少女们会不知不觉地产生一种对异性的朦胧的好感和倾慕，总是想和异性接近，愿意和异性交往，这种情感是非常真实，也是正常的。青春期异性相互吸引是人的生理、心理发育的客观必然，是我们每个人长大成熟的重要标志。"和异性同学交往有错吗？""作为初中生，如何处理男女生之间的关系？"这些是我们都要客观面对的问题。

### 生涯困惑

临近中考了，可是小玲的心情一直没能平复下来，原因是上周在操场上跑步的时候，遇见隔壁班的小虎，突然感觉对他有一种莫名的羞涩感。小虎长得很帅，个子很高，是年级的篮球队员，她看过他几次比赛，小虎在球场上扣篮的身姿更让她心动。有时写作业、上课时都会不由得想到他。小玲发现自己上课时精神不集中，状态不太好，马上又要中考了，她感觉自己特别压抑……

**讨论**

（1）小玲到底怎么了？

（2）你认为小玲应该如何处理这样的问题？你有什么好的建议？

**点评**：进入初中以后，男女生之间的关系有了新的特点，双方都开始意识到性别问题，并对对方逐渐产生了兴趣。但是，在最初阶段，他们对于异性的兴趣却是以一种相反的方式表达的：或者在异性同学面前表露出一种漠不关心的态度，或者在言行中表现出对异性同学的轻视，或者以一种不友好的方式攻击对方。总之，从表面上看，他们并不相互接近，反而是相互排斥。

到初中阶段的后期，男女生之间逐渐开始融洽相处。而且，在一些男生与女生心中，会有一位自己所喜爱的异性朋友。调查表明，女生一般对那些举止自然、友好、不粗鲁、有活力的男生更容易产生好感；男生一般对那些仪表好、文雅、活泼的女生易产生好感。但男女生一般都不将这种情感公开表露出来，在许多情况下，这是一个永久的秘密。因为，随着时间的流逝，随着他们各方面的发展与成熟，随着价值观的不断变化和调整，产生于初中阶段的这种情感也会渐渐地淡化下去，甚至完全消失。

所以，初中阶段男女同学之间的爱慕之情是很稚嫩的，没有牢固的基础，很少有保持下来最终发展为爱情和婚姻的。因此，只要处理得当，控制在相当有限的程度内，这种感情也有一定的意义。当一个初中生喜欢上一个异性同学时，他（她）自然也希望对方能接受自己，于是就能更加自觉地按照一个好少年的标准，尽可能地去完善自己，从而促进各方面的发展。然而，如果这种关系无限度地发展，就会妨碍初中生的学业进步与人际关系的健康发展。

## 生涯名词

**青春期**

青春期是指由儿童阶段向成人阶段发展的过渡时期，是人身心发展的重要时期，一般女孩为12～18岁，男孩为14～20岁。青春期可分为三个阶段，即青春早期、青春中期和青春晚期。在这个过程中，我们会经历身体上的发育和心理上的发展及转变，包括第二性征的出现和其他性发育、体格发育、认知能力的发展、人格的发展、社会性的发展等。每个青少年进入青春期的年龄和时期都因遗传、营养和运动等因素有所不同。

同时，在青少年正向发展的时期，很容易对新鲜事物产生好奇而尝试一些冒险行为。青春期是人生发展的一个重要阶段，也是性教育的关键时期。帮助青少年了解青春期的身心发展变化，学习如何处理人际关系，有利于促进青少年的身心发展与社会性发展，这些都是全面性教育中的重要内容。

在青春期阶段，学生在生理上发生了巨大的变化，心理上也出现了前所未有的新特点、新体验，进入人生发展的关键期。表现在人际交往方面，开始对异性产生朦胧的好感，有了解异性接近异性的欲望。异性同学间相互欣赏、相互吸引，这是他们走向成熟的表现。

异性间健康的交往或友谊有助于个性的全面发展，会使学生性格开朗、情感丰富、自制力增强，有利于培养学生健康的性心理。但在这一阶段，由于年龄、知识和社会经验等原因，他们对社会、情感、伦理、人生真正的含义还理解不深，所以会遇到很多困惑与苦恼，如果不能好好地把握自己、发展自己，就会影响学习，甚至给以后的人生发展留下阴影。对学生进行青春期异性交往的辅导，旨在走进学生的心灵，帮助学生实现正常的人际交往，促进其心理健康发展，顺利地度过人生花季。

## 生涯训练

关于"喜欢"

"喜欢"是有它的属性的。下面做两个游戏来厘清"喜欢"这个词的具体含义。

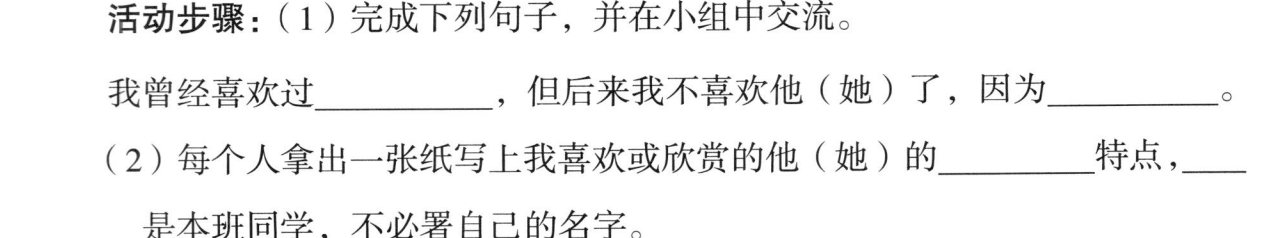

**活动步骤：**（1）完成下列句子，并在小组中交流。

我曾经喜欢过_____，但后来我不喜欢他（她）了，因为_____。

（2）每个人拿出一张纸写上我喜欢或欣赏的他（她）的_____特点，_____是本班同学，不必署自己的名字。

（3）把纸条收上来，由老师在全班大声地读出来，让同学们知道有谁被欣赏、被认可，也让同学们了解到喜欢和欣赏别人不是什么秘密。

### 关于喜欢和爱

喜欢和爱是青春期学生探讨最多的话题，因为它与人的内心世界息息相关，并且是每天都要接触的情感。"喜欢"和"爱"的区别到底是什么？这是两种完全不同的感觉。喜欢是对一个人或事物有好感或者感兴趣。喜欢这个词，从会说话开始便被我们说了好多次，喜欢什么玩具，喜欢什么动物，喜欢跟哪个朋友玩，喜欢班级的谁谁谁。"喜欢"这个词用处如此之多，那么它有什么特点或者属性呢？

（1）很普遍，就容易。喜欢这件事并不具备爱的约束性，我们可以很轻易地喜欢上一个人，也许只是一个回眸、一个笑容、一个背影，我们都会对对方产生好感。

（2）易变不专一。这一点也是喜欢和爱最大的区别，就是易排他性。但爱却不同，它会让你主动性地放弃与其他人的交往，并确立两人的紧密关系，这种一对一的相处模式是在喜欢中难以实现的。

（3）短暂不长久。喜欢过你的人，不一定一直都喜欢你。心理学表明，喜欢一个人和爱一个人是两种完全不同的感觉。

### 关于表白与被表白

小组内针对"表白与被表白"展开讨论，并分析一下被表白之后应当怎么做，会有什么样的结果。如果自己遇到喜欢的人，是否应该表白，并且绘制成思维导图在全班展示。

**如何正确与异性交往**

1. 端正态度，培养健康的交往意识

在与异性交往的过程中，要淡化对对方性别的意识。青少年男女以集体交往为宜，如课堂上的讨论发言，课后的议论说笑，课外的游戏活动等。

2. 自然交往

在与异性交往的过程中，言语、表情、行为举止、情感流露及所思所想要做到自然、顺畅，既不过分夸张，也不闪烁其词；既不盲目冲动，也不矫揉造作。消除异性交往中的不自然感是建立正常异性关系的前提。自然交往的最好体现是，像对待同性同学那样对待异性同学，像建立同性关系那样建立异性关系，像进行同性交往那样进行异性交往。同学关系不要因为异性因素而变得不舒服或不自然，思无邪，交往时自然就会落落大方。

3. 把握交往的尺度，与异性交往要适度

异性交往的程度和方式要恰到好处，应为大多数人所接受。既不因异性交往而过早地萌动情爱，又不因回避或拒绝异性而对交往双方造成心灵伤害。尽量减少单独在一起或避免单独在一起，以免造成误会。交往关系要疏而不远，若即若离，把握两人交往的心理距离，排斥让彼此感到过于亲密和引起心绪波动的接触。如果我们在交往中发现对方的苗头不对，要调整自己的态度，使交往恢复到波澜不惊、心静如水的状态，这样更有利于我们的成长。

4. 男女交往要真实坦诚

诚信是正常人际交往的基础。曾子曰："与朋友交而不信乎？"自古以来，诚信就是一种美德，使人与人之间充满真情，增进相互的信任。同学交往切记以诚信为本。为防患于未然，对于抱着谈情说爱为目的的约会，最好婉言谢绝，让对方明白你的心思，放弃对你的追求。但要注意方式方法，不可伤害对方的自尊心。只要把握与异性交往的尺度，诚恳对人，热情大方，自尊自重，便能处理好与异性的关系，以自身良好的修养和人品赢得异性的尊重和友情。

**异性同学之间健康积极交往应该遵循的原则**

（1）健康文明。

（2）选择适当的场所与时间。

（3）保持一定距离。

（4）严以律己，宽以待人。

（5）己所不欲，勿施于人。

**青少年恋爱守则**

（1）彼此尊重，不玩弄感情。

（2）自重自爱，不任性做作。

（3）真诚沟通，不猜疑忌恨。

（4）彼此促进，不荒废学业。

（5）共同进步，不贪图享乐。

**青少年拒绝性行为公约**

（1）接受性知识，减少性好奇。

（2）多参与体育活动，缓解性压抑。

（3）尊重他人意愿，拒绝性邀请。

（4）避开坏环境，拒绝性诱惑。

（5）专注于学业、远离色情片。

## 生涯训练

我的偶像

每个人从小到大都有自己的偶像，但是不知不觉中自己的偶像也在发生着变化，让我们回顾和总结一下自己都有过哪些偶像，都是怎样的人。为什么会有这样的变化呢？

小学的偶像人物是_____，因为：_____。

现在的偶像人物是_____，因为：_____。

**总结**：青春期是人生的重要时期，这时的我们生机盎然，活力四射，是增长知识、长身体的关键期，希望同学们能够从朦朦胧胧的、与异性交往的困惑中走出来，健康、快乐地成长，相信明天会更好。祝同学们学习进步，心情愉快！

# 第二章　学会感恩：做一个懂得感恩的人

感恩之心，人皆有之；感恩之心，世皆敬之。

——题记

人为什么要感恩？原因很简单，因为我们生活在这个世界上，需要相互搀扶。我们的父母、老师、同学、朋友，乃至世间万物都对我们有恩情！

感恩，是中华民族的优良传统，也是一个正直的人的基本品德。孟子曰："爱人者，人恒爱之；敬人者，人恒敬之""与人善者，成人之美，舍得善之心。"拥有一颗感恩的心是一个人必不可少的品质，因此我们要做一个懂得感恩、懂得孝敬父母的人。

让我们怀着一颗感恩的心，为了善良，也为了爱。

## 第1节　亲子和睦：如何与父母相处

### 生涯困惑

**让我们来说一说你与父母的那些事**

"我爸妈就是看重学习，除了学习我干什么都不行，真是没办法沟通。"

"也不知道怎么回事，如果我妈不说，我还可能加件衣服，可她一唠叨，我宁可冻着也不加衣服，其实就是不想听她的话。"

"我爸妈就是烦，有事不跟他们说吧，就一个劲儿地问，说吧，可刚一开口，话还没说完，他们就把你教训一通，真是没办法！"

"我觉得我爸性格很懦弱，有点瞧不起他。"

……

**讨论**

（1）这些都是我们日常生活中的真实情景，你们对父母的评价是这样的吗？

（2）你们在家里与父母的相处模式是怎样的呢？

（3）你们曾经因为哪些问题与父母产生过分歧或矛盾冲突呢？

**点评**：父母的教育方式有时会表现得不当，有时的确会容易让我们产生不愉快的心理感受，甚至因为一些小事，引发与父母之间的"星球大战"。进入初中，我们身体迅速发育，自我意识明显增强，独立思考和处理事务的能力显著发展。处于心理断乳期的交接点，在心理和行为上表现出强烈的自主性，迫切希望从束缚中解放出来。感情变得内隐，即内心世界活跃，但情感的外部表现却并不明显。这些特点常阻碍沟通和相互了解，导致亲子关系不和谐。学会与父母相处，处理好亲子关系，对于进入青春期的我们，也是面对生活的必修课。

### 我们为什么会苦恼

青春期，是指年龄在 10~20 岁的一个阶段，此时，我们无论是生理机能还是心理机能，都没有成熟，但是正在快速成长的时期。在青春期里，普遍存在的苦恼有以下几点。

苦恼一：情绪起伏，言语偏激，态度冷漠。青春期情绪容易波动，而且表现为两极性，即有时心花怒放，阳光灿烂，满脸春风；有时愁眉苦脸，阴云密布，痛不欲生，甚至暴跳如雷。在与父母相处时，或处理师生关系时很容易发生冲突。

苦恼二：独立性与依赖性的矛盾。青春期的少年在心理特点上最突出的表现是独立意识增强。他们渐渐地在生活上不愿意受父母过多的照顾或干预，否则心里便产生厌烦的情绪；对一些事物的是非曲直判断，不愿意听从父母的意见，并有强烈地表现自己意见的愿望；对一些传统的、权威的结论持异议，往往会甩出过激的批评之词。而这些恰恰是典型的心理断乳期的表现，如果此时越加束缚，他们就容易产生叛逆心理。

苦恼三：成人感与幼稚感的矛盾。青春期少年的心理特点突出表现是出现成人感——认为自己已经成熟，长成大人了，因而在一些行为活动、思维认知、社会交往等方面，表现出成人的样子。在心理上渴望别人把他看作大人，尊重他、理解他。但由于年轻，社会经验、生活经验及知识的局限性，在思想和行为上往往盲目性较大，易做傻事、蠢事，带有明显的小孩子气和幼稚性。

苦恼四：开放性与封闭性的矛盾。青春期的少年需要与同龄人特别是与异性、与父母平等交往，他们渴望他人和自己一样彼此间敞开心扉。但由于每个人的性格、想法不一，使得他们的这种渴求找不到释放的对象，只好诉说在日记里。这些在日记中写下的心里话，又由于自尊心，不愿被他人知道，于是就形成既想让他人了解又害怕被他人了解的矛盾心理。

苦恼五：渴求感与压抑感的矛盾。青春期的少年由于性的发育和成熟，出现了与异性交往的渴求。比如喜欢接近异性，想了解性知识，喜欢在异性面前表现自己，甚至出现朦胧的爱情念头等。但由于学校、家长和社会舆论的约束、限制，使青春期少年在情感和性的认识上存在着既非常渴求又不好意思表现的压抑的矛盾状态。

苦恼六：自制性与冲动性的矛盾。青春期少年在心理独立性、成人感出现的同时，自觉性与自制性也得到了加强，在与他人的交往中，他们主观上希望自己能随时自觉地遵守规则，力尽义务，但客观上又往往难以较好地控制自己的情感，有时会鲁莽行事，使自己陷入既想自制但又易冲动的矛盾之中。

## 为什么会有亲子矛盾

1. 少年思维发展的片面性与父母观念行为的落后性

心理学研究者霍尔认为，青少年的发展正经历着"充满内外冲突的浪漫主义时代"。他们渴望独立，但受其知识、社会阅历所限，还缺乏真正的独立性与独立处理问题的能力。青少年思维的独立性与批判性会有显著发展，但具有很大程度的片面性与表面性，缺乏辩证思维的能力，容易偏激，对父母缺乏理解和宽容。

在家庭生活中，沟通占了生活中的一大部分，而沟通本身，也成为家庭生活中最主要的问题，因为沟通方式和价值观的不同，导致许多沟通碰撞出来的是火花，是矛盾，是问题。

2. 少年期的独立倾向与父母认知、行为的矛盾

因为生理、心理、社会地位和社会经历的不同，父母在行为和认知上与子女产生了很大的差异。父母往往用自己时代所接受的教育、规范、准则来要求和评价子女，对子女的观念、选择缺乏适当的引导、理解和宽容。当父母管教态度严厉时，子女对父母的不满和对立就更加严重。再加上情绪容易激动，不善于控制自己，往往因为小事情与父母发生冲突。如果父母正处于更年期，情绪也易激动，亲子间更易产生矛盾。

在中国家庭关系中，大多数的父母以养育者和引导者自居，导致他们忽略了子女还是独立个体的这个事实。子女处在社会交际网中，存在的关系是复杂的，面对的环境和父母面对的环境是完全不一样的，所以他们在与子女的交流中，强势地展现自己的价值观，自己对社会关系的理解。也就是说，没有站在子女的角度来沟通，而子女因为对父母或许存在着物质或精神上的依靠，导致他们即使有自己的社会价值观，也得不到父母的认可，导致沟通被阻，自己的边界被占领，就会产生问题，久而久之无法顺利沟通，就干脆不愿意沟通了。

### 3.孩子的能力与父母对孩子的期望值差距过大

父母的殷切期望的确会让孩子们有奋发图强的信念。但是其中有一个平衡点最难把握——孩子实力与父母期望的匹配程度。很多时候，父母的期望过高对孩子们造成的心理压力，成了孩子们实现梦想的道路上的噩梦。那种无助和绝望才是扼杀和扰乱孩子们心智的魔鬼。孩子们无法达到父母的期望，就会一蹶不振。父母总说期望越高失望就越大，也正是这个心理被孩子们感受到的时候，矛盾与冲突就爆发了。他们认为自己的努力不被认可，父母从成人的立场与孩子们沟通更会激起孩子们的叛逆心理，一波接一波，最终小矛盾就变成了大麻烦。

事实上，能力是在成长中不断积累发展的，父母有时会对我们寄予很高的期望。为什么有这样高的期望，原因有两种：一是来自家庭与家庭、家庭与家族的攀比；二是父母总喜欢将自己尚未实现的愿望寄托在孩子身上。一个人的能力除了后天的影响外，还与先天的遗传因素有关，很多的父母没有客观地认识和了解这一点，当现实与愿望距离有偏差时，就会表现出对我们的指责、抱怨、打压或其他严厉的教育方式，这些都会影响孩子与父母之间的沟通，从而产生激烈的亲子矛盾。

### 我们能做什么

1. 找合适的人倾诉

（1）建立边界感（把父母的责任还给父母）。

（2）小伙伴（同班同学）。

（3）班主任（获得感恩的勇气）。

（4）心理老师（获得专业的支持、疏导）。

2. 接受"人无完人"，学会宽容和理解

自觉地调节与父母的关系。做出一些能增强与父母关系的行为，如尊重与理解父母、主动与父母沟通、决策行事与父母商量等，用实际行动营造和睦的家庭氛围。

### 3. 建立完善的自我意识

当我们有独立的意识以后，更应该反思自己的思考是否成熟、有逻辑、是否能够做到自我控制以实现"理想自我"，理性地向父母提出自己的合理需求，让父母更好地理解自己，支持自己，避免冲突。

## 非暴力沟通

著名的马歇尔·卢森堡博士发现了一种沟通方式，依照这种方式来谈话和聆听，能使人们情意相通，和谐相处，这就是"非暴力沟通"。

非暴力沟通能够疗愈内心深处的隐秘伤痛；打开个人心智和情感的局限性；突破那些引发愤怒、沮丧、焦虑等负面情绪的思维方式；用不带伤害的方式化解人际的冲突；学会建立和谐的生命体验。非暴力沟通的要素包括以下几点：

### 1. 观察

它要求我们对自己所经历的事情，客观地进行描述，不能加上自己的主观臆断，不能把观察和评判混为一谈。我们有时说话常习惯性地带有个人评判，这种不客观的沟通方式，容易影响家庭亲子关系或师生关系。

### 2. 感受

说出一些行为，表达你内心的感受。很多人并不擅长这一点。表达感受可以这样说："你的行为，让我很不安。"表达感受需要练习，你可以建立属于自己的词汇库。这样有助于我们表露情感，让他人明白我们的内心感受，从而更了解我们的需求。在与父母沟通中，我们应当注意方式，与其咄咄逼人地向父母表明自己的雄心壮志，不如心平气和地阐明自己的想法更高效。把以"你"开头的抱怨、指责，变为以"我"开头的事件陈述和感受；表达自己不得不做的事情时，可以用"我选择做，是因为我想要……"以此表达愤怒，但不愤怒地表达。

### 3. 需要

感受源于我们自身的需要，在表达感受后，可以说出自己的真实需要。指责、批评、评论往往暗含着期待。对他人的批评，实际上间接表达了我们尚未满足的需求。如果我们通过批评来提出主张，人们的反应常常是申辩或反击；反之，如果我们直接说出需要，其他人就较有可能做出积极的回应。

4. 请求

在表达观察、感受和需要之后，我们请求他人的帮助。以什么样的方式提出请求容易得到积极回应呢？培养对自己的爱，明确自己的需要和请求，想要得到怎样的积极回应，应越具体越好。越清晰的请求，越能得到有效的执行。与人沟通，70%是情绪，30%是内容。说出请求时，我们要注意语气，免得被他人误以为是命令。明确地提出具体的请求，谈话的目的，请求反馈，了解他人的反应。请求与命令的区别是一旦认为不答应我们的请求就会受到惩罚，人们就会把我们的请求看作是命令。因此为了改善生活，我们希望他人做什么，要借助具体的表述来提出请求。采用非暴力沟通方法，不是为了改变他人使之迎合我们，而是重视每个人的需要，目的是帮助我们在诚实和倾听的基础上与人联系。

观察、感受、需要、请求，是非暴力沟通的四大要素，也是我们人际交往的指路明灯，我们不妨在日常生活中多演练，借助这四种方式表达和提升自己，给自己营造一个良好的沟通氛围和人际关系。

## 生涯训练

爱的表达

1. 信息表达法

非暴力沟通法强调，当遇到冲突事件时，先客观地说出事实，再说出自己的感受，然后向对方提出一些合理的要求，化解冲突。

（1）"我看到了，听到了……"（把父母的一些举动或者说的话向父母澄清一遍，准确描述父母的行为，说出事实）

（2）"我认识到了……"（客观地陈述自己的做法所带给对方的感受）

（3）"我的感受是……"（说出此时自己内心的感受或者情绪）

（4）"我需要……"（真诚地向父母提出自己的要求）

2.丰富爱的表达方式

（1）肯定延迟（真诚地）。

（2）精心的时刻（享受相互陪伴的美好感觉）。

（3）赠送礼物（不一定要花钱，关键要用心）。

（4）服务的行动（微笑着表示乐意效劳）。

（5）身体的接触（用拍肩、拥抱等肢体语言进行心理沟通）。

大家可以根据以上表达方式进行情景训练，在训练时有意识地运用以上表达方式。

### 生涯思考

小明对电脑的兴趣很浓厚，打字、上网、查资料、制作电脑小报，样样都行，可妈妈一直不同意他的爱好。这天，小明拿着单元测试卷回家，妈妈一看成绩就火了："叫你别去参加什么电脑班，现在好了，考得不好了。"小明一脸委屈，大声说道："这次考卷有点难，再说你怎么知道是我打电脑影响的呢？""如果你用打电脑的时间多看看书，难道会考这么差吗？电脑班，别上了！"小明急了，嚷道："你就知道让我看书，打电脑也可以增长知识，我就要去！""你还敢顶嘴？"就因为这件事，母子俩整整三天不说话，后来还是在爸爸的调解下才勉强和解。

**思考与分享**

（1）为什么一张考卷会引起母子俩那么大的矛盾？分析一下，是妈妈的原因还是小明的原因？

（2）帮小明想想办法，怎样才能让妈妈同意小明继续发展他的爱好，而且又不伤感情？

**如何与父母沟通**

1. 换位思考

多理解与宽容父母，学会不提过分要求，体谅父母。多从父母的角度来看问题，积极解决问题。

2. 理解与尊重

不要一听到父母的训导就反感，我们不妨用理解的心态来听这些话。因为父母的出发点永远都是为了自己的孩子，就算真的说错了那也要心平气和地去说话，而不是大吵大闹。

3. 勇于承认错误

学会虚心接纳父母正确的意见，如果你做得不对，不要逃避，不要沉默不理，主动道歉，往往会得到父母的理解。

4. 建立互相信任的关系

学会多谈心交流，求同存异，释放自我。有问题开诚布公地表达自己的想法与建议，期待得到父母的真心支持与帮忙。

5. 常怀感恩之心

学会多一份付出，学会感恩父母。

## 第2节 爱的温暖：学会感恩

**生涯故事**

### 小明与小鸟

在一个小山村里，住着一个名叫小明的年轻人。他的父母都是普通的农民，生活十分艰辛。但是，小明学习非常努力，每天都会独自走到几公里外的学校上学。他非常珍惜学习的机会，希望能够通过自己的努力改变命运。

有一天，小明在上学的路上看到了一只受伤的小鸟。它的翅膀似乎受了伤，无法飞行。小明心疼地看着这只小鸟，决定带它回家，照顾它直到康复。

小明把小鸟带回家，仔细地照顾它，给它喂食、换草药。他每天都在为小鸟的康复而努力。小鸟在他的照顾下逐渐康复，并对他产生了深深的依赖。

日子一天天过去，小鸟的翅膀终于完全康复了。它可以在天空中自由飞翔，但每次看到小明时，都会落到他的肩膀上，轻轻地啄他的耳朵。这是它对小明的感谢。

小明也从小鸟的康复中看到了希望和力量。他更加努力地学习，希望能够像小鸟一样，通过自己的努力实现梦想。

终于有一天，小明考上了大学，成了村里的第一个大学生。他成功地改变了自己的命运，也成了其他孩子的榜样。

**点评**：感恩是一种美好的情感，它让我们在面对困难和挫折时，能够有一种积极向上的力量。在这个喧嚣的世界里，我们很容易忽略身边的人和事，但是，如果我们能够心怀感激之情，就能够更好地感受生命的美好。这个故事告诉我们，感恩的力量是无穷的。无论是人还是动物，只要我们心怀感激之情，就能在生活中发现美好的事物。同时，我们也要学会回报那些给予我们帮助的人和动物。因为正是他们的支持和帮助，让我们能够走得更远、更高。

凡事学会感恩。感恩是一种文明，感恩是一种素质，感恩是一种品质。人有了感恩之心，人与人、人与自然、人与社会也会变得更加和谐，更加亲切。我们自身也会因为这种感恩心理的存在而变得愉快和健康起来，生命将得到滋润。正处于走向社会关键时期的我们，应当树立积极的生活态度，关爱社会，懂得感恩，塑造健康的人格品质，树立正确的价值观，获得他人与社会的接纳与认可。

## 生涯测试

你是否了解你的妈妈呢?

(1)妈妈的生日是_____。

(2)妈妈的体重是_____。

(3)妈妈的身高是_____。

(4)妈妈穿_____码的鞋子。

(5)妈妈喜欢的颜色是_____。

(6)妈妈喜欢的水果是_____。

(7)妈妈喜欢的花是_____。

(8)妈妈最爱吃的蔬菜是_____。

(9)妈妈喜欢的日常消遣活动是_____。

(10)妈妈一天工作_____小时,做家务_____小时。

(11)妈妈经常用来教育你的口头禅是_____。

(12)妈妈的特别爱好是_____。

(13)妈妈最快乐的事是_____。

(14)妈妈最大的心愿是_____。

(15)妈妈最想去的旅行目的地是_____。

有心的同学可以把答案写在一张纸上寄给你的妈妈。答对6题以下的同学,请你以后多与妈妈沟通。

## 生涯名词

感恩

感恩是对他人所给予的恩惠表示的感激。因意识到被给予而自发认为是被恩赐或被爱,从而由感谢对方的意愿产生的心理活动或现实行动。感恩是指乐于把得到好处的感激呈现出来且回馈他人，是一个人是否具备善良品质的基本参考特征之一。

感恩是一个人的基本素质。一个缺乏爱心，不懂得感恩惜福的人，长大后不可能懂得体谅、关心他人，不懂得孝敬父母，尊敬师长，也难以与人交往、融入社会，更谈不上爱同学、爱母校、爱国家、爱民族。学会感恩，为自己已有的而感恩，感谢生活给予你的一切，这样你才会有一个积极的人生观，才会有一种健康的心态。

### 生涯讨论

谈谈成长经历，交流内心的感受。

当我们过着衣食无忧的学生生活的时候，有没有计算过自己生命的成本？

有没有想到过父母的艰辛与不易？有没有想到感恩？

## 代沟

代沟，广义上是指年轻一代与老一代在思想方法、价值观念、生活态度、兴趣爱好方面存在的心理距离或心理隔阂。

由于年龄的差距，也由于所处的时代背景、客观环境及所接受的文化和传统教育等各方面的不同，我们与父母之间形成了不同的价值观念，对社会、家庭及个人的认识也大不相同，这便导致彼此在认识和处理问题上意见不一致。初中生正处于身心状态剧变阶段。个体独立自主，自我意识的发展让他们开始对友谊、爱情、事业、人生的价值观有了自己的抉择和追求。而父母由于在知识和经验上的陈旧，使得他们在教育方式上措手不及，只能依照以前的方式应对。因此，产生了两代人的代沟问题。那么如何处理好与父母之间的代沟问题呢？

1. 相互理解

在家庭生活中，父母与子女所承担的角色与义务有很大差别，在处理问题、解决问题的思维与行为方式以及考虑问题的角度等方面都大不相同，如果双方能够换位思考，进行角色互换，大家都能从各自的心理需求思考问题，这样彼此间的隔阂会少很多。

2. 彼此尊重

青少年特别渴望得到父母与成人的尊重，在父母的心目中，子女永远是自己的孩子，如果忽视了他们独立的意向和人格的尊严，就会导致他们的抵触、叛逆和抗拒心理更加严重，从而导致沟通越来越难。反过来，有些子女往往在经济等方面对父母有过分的要求，或者不尊重和不体贴父母对自己的付出，同样会引起父母的失望。

3. 求同存异

生活在不同历史时代的两代人，在行为方式、生活态度、价值观、情感、理想、信念以及人生观、世界观等方面存在差异，这都是正常情况。这些差异，有的可以通过交换意见、沟通思想达到统一。

4. 彼此信任

我们的父母一定是最爱自己的孩子的，作为子女，我们一定要相信父母，无论什么时候，他们永远都是你坚强的后盾与温暖的港湾。父母也一定相信自己的孩子，给孩子多一点成长的空间，多鼓励、多赞美，共同营造和谐、宽松的家庭环境。

**常怀感恩之心**

感恩需要培养、需要学习。人，不是生来就会感恩，而是先学会了抱怨。因而许多时候会感到幸福似乎离我们很遥远。感恩，是人的一生需要学习和具备的品质。

**常怀感恩之情**

1. 父母情

亲情是一切情感的基石。只有爱父母，才会爱学校、爱家乡、爱祖国、爱社会、爱我们生活的这个世界，才能永驻真爱，形成质朴健全的人性。

天下的父母都是一样的，都深爱自己的儿女，只是有些时候我们感到迷惘而不理解罢了。只要我们用一颗感恩的心，善待这份爱，相信雨后的晴空会更精彩！

无论你身在何地，有一个人，她永远在你心中最柔软的地方，你愿用自己的一生去爱她；有一种爱，它让你肆意索取、享用，却不要你任何回报……这个人叫"母亲"，这种爱叫"母爱"。

父母的爱是世间最无私、最真诚、最崇高的感情，他们所给予我们的爱是不求任何回报的。

2. 师恩情

老师是红烛，燃烧了自己，照亮了别人。

老师是火种，点燃了学生的心灵之火。

老师把我们带入知识的殿堂，我们沐浴着师恩的阳光，我们像小鸟一样展翅飞翔，无论暴风骤雨，是老师赋予了我们顽强的斗志，鼓励我们勇往直前。感谢您啊，老师！

师恩是一支不朽的歌，时时刻刻回荡在我们的耳边，它用那激昂奋进的曲调激励着我们勇往直前。

也许很多年以后，当年老师教的知识早已所剩无几，但老师温暖关心的话语、信任鼓励的目光会在我们心中留下深深的印迹。

**总结：**"图报"的前提是"知恩"。要认识到别人为自己付出的一切并非天经地义、理所当然的。学会感恩，是做人的一种美德，是人的修养的最高境界。

### 常有感恩之心

学会感恩——不做忘恩负义之人。

学会感恩——有谦虚之德。

学会感恩——有敬畏之心。

学会感恩——爱多于恨。

学会感恩——懂得忏悔。

学会感恩——不沉溺于财富和权力。

学会感恩——永远不要忘了说一声"谢谢"。

### 感恩父母的方法

1. 多表达，多行动

多向父母表达爱意。

（1）主动承担家务。

（2）纪念日、节日送点小礼物。

（3）遇特别情况写一封信表达感激。

（4）适时为父母倒杯茶、削个水果。

2. 多换位

和父母有分歧时学会换位思考，站在父母的角度想一想。

3. 多交流

应让父母感觉你相信他们，多交流并经常给予赞美。

（1）多向父母说说自己的情况，自己的愿望。

（2）多倾听父母的话。

（3）遇上烦恼，告诉父母，寻求父母的帮助。

4. 多打招呼

回家和外出主动跟父母打招呼。

5. 多理解

时时谨记，父母只会爱孩子，绝不会害孩子。

**我们应该怎样孝顺父母**

（1）听从父母的话，不要让父母担心。

（2）帮助父母做家务，学会照顾自己，减轻父母的负担。

（3）关心父母的健康，注意自己的身体。

（4）努力用功读书，认真求学，让父母不为我们的学业感到烦恼。

（5）对父母要有礼貌。

（6）做人处世，要讲信用，做个诚实的孩子。

（7）有什么好吃的东西，要与父母分享。

（8）虚心接受父母的照顾或帮忙，而且常对他们说"谢谢"。

（9）父母教导我们的话，我们要牢牢记住。

**生涯体验**

回忆美好的一瞬间

请将与父母最快乐的时光画出来，并写下温馨的话。

## 第3节　在团队中成长：学会合作

### 生涯困惑

小强性格比较孤僻，在班里不太主动与别人交流，做什么事情总是独来独往。班级选拔人选参加一年一次的学校拔河比赛，小强有意愿参加，并大胆向老师提出申请，但是在班委讨论会上，他没有通过，主要的原因是大家反映他平时在班级活动中不太合群，做事情一意孤行，从来不主动去配合大家。老师为此事找小强谈过话，并说明了理由，但是他不明白，为什么大家不选他参加拔河比赛，为什么老师总是强调合作？他为这些事感到十分困惑……

**点评**：团队是为了实现一个共同的目标而集合起来的一个团体，需要的是心往一处想，劲往一处使；需要的是分工协作，优势互补；需要的是团结友爱、关怀帮助；需要的是风雨同舟，甘苦与共！团队精神就是团结力和凝聚力的结晶。我们珍惜集体的荣誉，珍视集体的利益，"以班级为家"就是团队精神的表现，一个共同的工作目标的实现，离不开团队统一的指挥，只要有团队的合作精神，才能保证目标的完成。

### 生涯测试

团队合作问卷调查

请在下列各道题的选项中，选择最符合自己真实情况的一个选项。

（1）在你和小组成员合作时，你会怎么做？（　　　）

A. 与人合作的态度诚恳，也积极协助及支持他人，顺利完成工作

B. 与人合作的态度良好，常常支持他人，顺利完成工作

C. 能够与人合作，提出协作

D. 未能与组员充分合作，影响全组的工作

（2）对于小组约定的会议，你会怎么做？（　　）

A. 准时出席小组会议，愿意迁就全体决定的会议时间

B. 准时出席大部分的小组会议

C. 间或缺席会议，间或迁就整体协定的会议时间

D. 甚少出席会议，或经常迟到早退，会上未能集中精神

（3）对于小组安排的工作，你会怎么做？（　　）

A. 尽心尽职，无须催促，就能完成负责的工作

B. 有一定的素质，并能准时完成工作

C. 尚算负责，有时延迟，但无碍整体进度，而工作质量仍需改善

D. 往往依赖他人，也未能按工作进度完成任务

（4）小组其他成员发表与自己不同意见时，你会怎么做？（　　）

A. 会耐心倾听他人的意见，鼓励及支持新意见。尊重整体的决定，依照协议办事

B. 会倾听他人的意见，也会支持他人的新意见。能遵从整体的决定及协议办事

C. 不会干预他人发言，也不抵抗他人的建议，行事大致依从整体的决定

D. 不会理会他人的意见，行事往往只按个人喜好决定

（5）你认为一个好的团队管理者，最主要的特点是什么？（　　）

A. 人际交往能力和交际常识

B. 团队工作经验

C. 能带动他人完成共同的工作目标

D. 个人才干和人格魅力

（6）你认为班干部能否不作任何说明就指派他人去做某项工作？（      ）

A. 绝对不能，一定要说明理由，否则不服从

B. 可以接受，会服从安排

C. 会服从安排但不认同班干部的做法

（7）假设你是某个团队的一员，你如何看待自己在团队中的作用？（      ）

A. 你是团队不可缺少的一个部分

B. 你是团队的核心力量

C. 没什么实际作用，挂名而已

（8）团队合作精神非常重要，对此你的理解是？（      ）

A. 培养团队合作精神是建设良好班集体的需要

B. 培养班级团队合作精神是新课标的要求

C. 团队合作精神是构建学习型班级的支柱

D. 培养学生的团队合作精神是参与未来国际竞争的需要

（9）你认为可以从以下哪几个方面培养班级团队的合作精神？（      ）

A. 确立团队的共同目标

B. 努力建立平等、和谐的师生关系

C. 努力营造和谐尊重的班级氛围，广开师生对话的多种渠道

D. 开展丰富多彩的集体活动，促进班级团体的良性互动

（10）你认为一个高效的团队是什么样的？（      ）

A. 把几个人组合在一起便是

B. 将几个人组合在一起并且有一个领导者

C. 一组相互依赖的人在一起齐心协力地工作，以实现共同的目标

（11）你认为优秀团队的基本要求是什么？（      ）

A. 团队对目标的真正理解

B. 明确每个团队成员的职责

C. 明确目标导向

D. 建立彼此高度互助的合作规程

（12）一场足球比赛能够取得胜利，最重要的是什么？（　　）

A. 合作无间

B. 队员球技

C. 运气

## 生涯名词

### 团队

团队是成员为了共同的愿景聚合在一起，承诺并遵守共同的规范，分担相应的责任和义务，为实现目标而持续不断地努力。团队的成员应当具备不同的能力、专业领域和知识技能，彼此相互依存、相互协作，共同努力实现团队的任务和目标。团队是一种具有重要意义和价值的组织形式。它能够提高工作效率，促进协作和创新，并为个人和组织带来深远的影响。

**团队的基本要素**

1. 共同目标

这是重中之重，没有目标，整个团队在一起就没有意义，为了共同的梦想而组建起来的团队具有核心竞争力，能在激烈的竞争中占据胜利地位。

2. 互相信任

信任是基础的基础，没有信任大家也走不到一起。信任是基本要素，有信任的团队才会越战越勇，抵挡一切困难与挫折。

3. 归属感

一个团队是否可以真正良性发展的关键是团队是否成熟，而团队是否成熟的重要标志是团队成员的"归属感"。家的感觉正是团队成员的归属感。家的核心内涵是"心安"，现实中多见团队成员的归属感不强（很多根本没有归属感，甚至会有羞耻感），他们内心不喜欢自己的团队、不愿提及自己的团队，或缺乏尊崇感。

4. 责任心

一个优秀的团队不仅仅需要责任心，更多的是要有凝聚力、向心力、执行力和自我牺牲的奉献精神。

总之，个人的优点和长处是有限的，只有团队才能将每个人的优点相结合，才能发挥出最大的力量。所以说，没有完美的个人，只有完美的团队。

**初中生活的新变化**

进入初中对学生来说意味着一个新的起点，学习和生活都有着巨大的转变。这个新起点主要指自身成长的新起点。

首先，学习生活更加丰富多彩。学习科目增多，学习难度加大；在小学时，大多数学习内容都是理论性的，而初中以后，学习内容开始了综合性地发展，不仅要学习语文、数学，还要学习历史、地理、政治等科目，以丰富学生的知识。此外，学校还提供了许多社会实践活动，比如社会调查、志愿者活动等，让学生们有机会实践他们所学的知识，增长见识，培养良好的品行。

其次，初中生活中社交活动开始增多。社团生活更丰富多彩。学生之间可以有更多的沟通和交流，与更多的朋友交往。学生们学会表达自己的看法，调节和考虑他人的感受，培养正确的价值观。学校也会安排一些交流活动，比如夏令营、野外实践，让大家可以在这样的氛围中相处，学会如何与他人更好地相处，同时学会理解他人，培养爱心。

最后，初中生活中的责任感也有一定的增加，对自我管理的要求高了。初中以后，要学会如何应对学习和生活上的各种问题，要学会管理好自己的时间，要规范自己的行为，学会承担一定的责任。

总的来说，初中生活的变化是显而易见的。对于初中生来说，关键在于如何应对和适应新的变化，走出舒适区，更好地接受学习和生活中的挑战，克服学习和生活中的困难。最重要的是,要保持积极乐观的心态,坚信自己的潜力和未来的成功。

**对初中生活提出的新要求**

1. 思想上不能松懈,时时刻刻提醒自己,要刻苦努力,不要掉队

要适应中学的学习,初一的知识比较简单,但如果基础打得不牢,到了初二学习几何证明,初三学习二次函数就会感觉很吃力,尤其是到初二、初三还要学习两门新的学科——物理和化学。数学、物理、化学三门课放在一起学习,很多初一阶段数学基础没有打好的同学,就会出现很多的困难。

2. 要摒弃毛躁、不安的学习心态,养成认真、踏实的学习习惯

要适应中学的学习,转变只知皮毛,似懂非懂,似会非会,不求甚解的学习态度。随着初中知识点难度的增加,要完全消化老师所讲的内容,养成认真、踏实的学习习惯非常重要。

3. 有了多种角色,要承担新的责任

每个人在不同的环境中扮演着不同的角色,每种角色承担着不同的责任。初中生生活中的角色有:老师的学生,父母的子女。我们在家庭中的角色是子女,承担的责任是孝敬父母;在学校的角色是学生,承担的责任是遵守纪律,刻苦学习,尊敬师长等;在社会扮演的角色是社区居民,承担的责任是维护社区秩序。

**处理好与新同学之间的关系**

初中阶段,同学关系融洽对于每一位初中生来说是非常重要的,同学间和睦相处、彼此真诚相待,能够让每个人留下难忘的回忆,让每个人在心理上不孤单,在生活学习中不寂寞。那么,初中生应该如何处理好同学之间的关系呢?

(1)与同学相处要真诚;善于交谈,有自己的兴趣爱好;懂得关心同学,

要乐于助人，在同学需要帮助时主动帮助。

（2）以宽容之心对待同学，遇事不斤斤计较；对同学温和以待，切忌随意发脾气；同学之间要平等相处，避免产生矛盾和冲突，发生矛盾后要及时化解。

（3）多与同学沟通和交流。沟通交流是建立友谊的基础，同学之间需要多沟通，共同培养真挚的感情。

（4）认真学习，提高成绩。在学习上，大家相互帮助，共同进步。

（5）多参加集体组织的活动。通过集体活动，加深同学之间的了解与交流，在活动中可以培养集体荣誉感，让大家感受集体向心力与凝聚力。

**融入新集体的方法**

进入初中生活，学会融入新集体是一件重要的事。人是独立的个体，但却有群居的属性。所有人必须和其他人一起生活，这样才能体验生活的乐趣。那么，我们该如何更好地融入新集体呢？

（1）处理好与同学的关系。在与同学的相处中，注意处理好与同学的关系，同学之间可以相互帮助、相互鼓励，共同进步。如果我们能做到主动、热情、真诚，能平等待人、尊重他人，能正确认识和处理相互间的竞争与合作，就能建立起纯朴、融洽的同学关系，创设一个和谐、愉快的班级氛围，一起共同快乐地成长。

（2）把遵守纪律看作一种关心集体、关心他人的良好行为。如果集体中的每个成员都把遵守纪律当作自己的义务，自觉遵守并维护集体纪律，就会很自然地融入这个集体之中。

（3）树立主人翁意识，认真完成集体交给的各项任务，积极参加班级的各项活动，自觉维护集体的荣誉和利益，努力为集体添光彩。

## 生涯训练

心有千千结

以小组形式，团队合作完成下列游戏，在符合规则的前提下，最快完成任务的一组获胜。

**活动步骤：**（1）每组 10~20 人，让小组成员围成一圈并互相牵手。

（2）以比赛的形式看看哪组做得快，做得好。

（3）按照老师的口令和要求做。

A. 看清你的左手和右手握着的是谁，确认后松手。

B. 在音乐声中，在圈内自由走动。

C. 音乐停止，原地不动，伸手去拉住你原来左右手的同学，从而形成许多交互错综的手结。

D. 在不松手的前提下，用转、绕、弯等方法打开手结，回到起始状态。

游戏开始，游戏中，游戏后，你的感受是什么？

_____

_____

**良好班集体的特征**

（1）严明的纪律。

（2）尊重、平等、融洽的师生关系。

（3）主动热情、真诚平等的同学关系。

（4）积极的班级舆论氛围。

**良好班集体对个人的影响**

（1）良好品德的形成。

（2）增长知识，提高能力。

（3）发展特长，陶冶情操。

（4）身心健康发展。

**如何看待个人在班级中的位置及张扬个性**

多彩的集体在于我们每个人鲜活的独特性。每个人都能在班级中找到自己的位置，别人无法替代。心理学认为，个性是在素质的基础上形成的，在先天自然素质的基础上可以经过后天学习、教育与环境的作用和影响逐渐形成起来。在集体里，除了自觉遵守集体纪律，服从集体利益外，我们还提倡张扬个性，在集体中主动提出建议，发挥自己的特长，坚持自己的兴趣，张扬个性。

对于学校而言，加强个性教育，有助于提高学生素质。实施素质教育，有助于培养学生个性。为了让每个人的个性得到展现，我们应该注重共同性，强调面向全体，全面发展集体教育；注重差异性，强调因材施教、个别对待的个性教育，并把二者有机地结合起来，即把握共性，张扬个性。

总之，我们应尊重和欣赏每个人的差异。只有进行尊重和欣赏每个人的差异的教育，才能使每个人的特长和潜能都得到发展，使每个人都能有适合自身特点的发展方式，才能适应新时代教育发展的要求。

## 生涯体验一

### 大风吹

**活动目标**：消除陌生感、让成员体会团队合作的重要性。

**活动步骤**：成员按照1~3的顺序循环报数，喊"1"的与喊"3"的人面对面牵手形成一个闭合的圈，套住喊"2"的人。喊"1"和"3"的人扮演大鸟；喊"2"的人扮演小鸟。三人组合形成一个家庭。

当大风使者说"吹大鸟"时，大鸟飞出，任意选择一个小鸟进行组合；当大风使者说"吹小鸟"时，小鸟飞出任意和两个大鸟组合家庭。当大风使者说"吹大树"时，小鸟、大鸟均拆散，与其他人自由组合。

大风使者可加入三人组合中，也就是说每次都会有一个人被吹出来，几轮过后，被吹出来的人一起接受小小的惩罚，受惩罚的成员发表心得。

## 生涯体验二

坐地起身

四组队员各派出四名代表，四人一组，围成一圈，背对背地坐在地上。四人手搭着手，然后要他们一同站起来，这个动作作为尝试，难度不大。

比赛开始，变成五人一组，坐地站起，最先成功的一组，不断增加人数，变成六人或者七人……

限时 30 分钟，能坐起人数最多的一组获胜，并派出代表发表心得。

# 第六篇　生涯规划与心理健康

生涯规划与心理健康是相辅相成，共同发展的。心理健康是生涯规划所追求的主要目标，生涯规划是实现心理健康的计划、蓝图和行动方针的重要保证。

个体的心理健康状况也会影响生涯规划的合理性、可行性与具体实施。因此，心理健康和生涯规划是互相促进的，个体心理健康和生涯规划的最高目标都是自我实现。马斯洛认为，健康人格的标志是自我实现，也就是"充分利用和开发天资、能力、潜能等"，这也是生涯规划的最终目标。因为生涯规划就是个体通过生涯探索、澄清、计划、执行，使自我的差异与潜能被激发出来的过程。心理健康和生涯规划是具有内在一致性的两个概念，两者的出发点和最终目标是一致的。

# 第一章　完善自我：塑造健全人格

人格是信用的基础，逆境往往使人有所建树，人都有长处与短处，看人多看长处，少看短处。

——题记

## 第1节　生涯规划与心理健康

生涯教育是一种综合性的教育计划，其重点放在人的全部生涯，即从幼儿园到成年，按照生涯认知、生涯准备、生涯熟练等步骤逐一实施，使学生获得谋生技能，并建立个人的生活状态。

生涯教育强调从未来和发展的角度看待个体一生，在自我了解的基础上适应社会并实现自我价值。生涯教育要符合学生成才成长的心理需要，有利于提高学生的心理健康水平，应将生涯教育纳入学校心理健康教育体系。

生涯教育不限于职业选择，而是扩展到了对全部人生历程和发展的关注。生涯就纵向而言，所关注的范围从幼儿园到退休甚至死亡，也就是人一生中的各个阶段；就横向而言，其范围不只局限于职业选择和职业活动，而是覆盖个体生活的方方面面。

生涯教育源于职业指导，但其内涵远比职业指导更丰富，强调从生涯决策能力的发展、自我概念的发展、个人价值观的发展、个体的差异特征、对外界变迁的适应等不同角度对个体进行辅导。

**心理健康视野中的生涯规划**

1. 生涯规划的重要基础是心理健康

从生涯规划概念的演变过程可以看出，人们对生涯规划的理解经历了从关注人与事的简单谋划到关注人内在的心理特质和心理过程，以及人与环境互动的内在机制的过程；从关注个体单一时间段的活动到关注个体毕生发展的过程；从关注生活中的单一事件到关注生活中统合的各种角色的所有事件的过程。这种由表及里、由点及面、由静态到动态的研究历程是生涯规划逐步迈入心理健康视野的历程，也是生涯规划的理念与当代心理健康观日趋吻合的历程。同时，在生涯规划概念的演变过程中，逐渐与心理健康形成了相互依存的关系。生涯规划作为一种体现人之主动性、创造性的动态过程，已成为实现心理健康的计划、蓝图和行动方针；而心理健康作为一种具有相对稳定的心理状态，是个体进行适宜的生涯规划的基础和保证。个体在生涯规划的过程中促进心理健康，心理健康又影响着生涯规划的整个过程，两者在个体身上构成一种循环和整合，相互依存、相互促进。

2. 生涯规划的根本任务是完善人格

生涯规划表现为个体对人格的完整和均衡发展的重视，可以说，生涯规划的根本任务即建构完整的人格。生涯发展过程中心理系统与环境中其他系统之间存在相互作用。生涯规划的系统观，完全符合当今人们对心理健康者人格特征的理解。心理健康也强调完整的人格，认为个体的心理是统一的整体，整体并不等于部分的机械和，某个部分有所欠缺并不意味着整体功能的失调，一些心智方面存在一定缺憾的个体，如果得到成熟平稳的情感意志过程的控制，也是完全能保持心理健康状态的。

3. 生涯规划的最高目标是自我实现

生涯规划所追求的最高目标是人本主义心理学家马斯洛所说的自我实现，让每个个体都能走到自己力所能及的高度，最大限度地发掘人性所蕴含的潜能，展现出人性的美好与丰富色彩。自我实现是心理健康所追求的不断成长与自我实现，即追求崇高的目标，学会有效学习，发展建设性的人际关系，从事具有社会价值的创造，不惧生活的挑战，提升生活质量和人生价值。

### 初中阶段的生涯教育与心理健康教育

初中生生涯教育的目标是为初中生奠定生涯成熟的基础，促进学生的生涯发展。因此，对于初中生的生涯规划内容选择不宜过于专业，应该适合于大多数初中生，帮助他们学会自我认知、职业认知与生涯规划。同时学校在组织和开展活动时，要注意建立层次递进的活动体系，以适合学生的阶段性发展特点，促进其身心健康发展。

### 初中不同阶段开展生涯心理健康教育的关键点

初中一年级：这一时期的学生处于生涯发展的认知阶段，同时也处于自我意识强而不稳的青春期。教育应侧重给学生在自我认知方面的指导，使之了解生涯规划的一般知识，初步帮助学生树立生涯规划的意识，使学生正确认识自我，尤其是认识自己的兴趣、爱好和特长。

初中二年级：这个阶段应考虑学生的能力因素，让学生在具体的实践中进行生涯规划的探索与尝试，并逐步提升相应的能力，帮助学生树立正确的生涯规划观念与适合的职业倾向，使学生更加全面地了解社会需求并认识自身的能力，为未来的职业理想积淀力量。

初中三年级：这个阶段的学生面临就业或升学的压力和选择。一部分学生完成九年义务教育后投身工作，但绝大多数学生会继续升学，因此应侧重对其进行就业与升学的指导，帮助学生培养相关的职业能力与技巧。

### 生涯规划与升学规划

生涯规划与升学规划不能完全等同。升学规划不是在完整的生活空间中针对各种生活事件和生涯角色展开的，因为它只关心一个目标、一种生活事件，那就是升学。

用升学规划代替生涯规划会直接导致两大发展性问题：第一，由于这种规划只进行到高考结束，因此，许多青少年在迈入大学校园后顿感失去人生目标和人生定位，由此诱发出一系列的心理行为问题；第二，由于升学规划是围绕单一的升学生活事件展开的，而升学考试长期以来注重智力和知识的考核，忽视价值观、情感意志品质以及人文素养的考核。

**生涯规划教育中蕴含着极为丰富的心理健康教育内涵**

生涯规划的演变历程是生涯规划逐步迈入心理健康视野的历程，也是生涯规划的理念与当代心理健康观日趋吻合的历程。在生涯规划教育中蕴含着极其丰富的心理健康教育内涵。

生涯规划所追求的最高目标是自我实现，也就是充分利用和开发天资、能力、潜能等，让每个个体都能走到自己力所能及的高度，最大限度地发掘人性所蕴含的潜能，展现出人性的美好与丰富色彩。

将生涯规划教育融入心理健康教育，不仅能提高学生心理健康水平，激发其学习动力，更能帮助他们适应未来环境，实现自我价值和人生目标，与此同时也丰富着心理健康教育的内容、方法和途径。

# 第2节 培养意志力

### 生涯困惑

彬彬是一名初一的学生，学习成绩属于中等水平，家里的环境比较优越，而且是独生子，很少做家务活。在学校里看到其他的同学因学习成绩优秀，受到老师的表扬，他十分羡慕。于是，从初一的第二学期开始，便下定决心要让自己的成绩在班里也达到优秀水平。他给自己制订了一个学习计划：早上六点钟起床早读，每天坚持课前预习，课后复习，认真完成作业，并要求自己要读四本名著。

刚开始的一段时间，彬彬确实是六点钟就准时起床读书了，而且其他各个方面都表现得很好。一段日子过去了，随着天气变冷，他便松懈起来，躺在床上睡懒觉，自此以后，就再没有看到他早读的身影。每天放学回家后，他又任由自己的性子，待在电视机前看电视，功课不能按时完成，名著也是只看了个开头，就没有然后了……

**讨论**

（1）彬彬哪一方面的能力较弱？

（2）相信很多同学都有这样的毛病，那么应该如何培养良好的意志品质呢？

**点评**：意志力强的人表现在做事有耐心，不急躁；一旦确立了目标，就能坚持不懈地把它完成；越遇挫折，越努力想办法解决，直至将它战胜。一个人做事的恒心与毅力决定他未来的成功。像彬彬这样的同学很多，在学习、生活中往往因为缺乏意志力，导致做事情虎头蛇尾，前功尽弃。意志力的重要性确实非同寻常，因为它往往能够决定一个人的命运，它的影响要超过智力的影响。一个有着坚强意志力的人，便有无穷的力量。意志力的强弱决定一个人做任何事情的成败。

中国有句古话：有志者，事竟成。所以，我们无论面临多少艰难曲折，绝不可放弃，做任何事情，一旦决定做了，就要坚持下去，只有持之以恒，才能获得成功。

## 生涯测试

意志力问卷调查

下面20道题，请你对每个题目从五种选择（A. 是；B. 有时是；C. 是与否之间；D. 很少是；E. 不是）中选择一个（只能选择一个）。

（1）我很喜欢长跑、远途旅行、爬山等体育运动，但并不是因为我的身体条件适合这些项目，而是因为它们能使我更有毅力。（　　）

（2）自己制订的计划常常因为主观原因不能如期完成。（　　）

（3）如果没有特殊原因，我能每天按时起床，不睡懒觉。（　　）

（4）计划应有一定的灵活性，如果完成计划有困难，随时可以改变或撤销它。（　　）

（5）在学习和娱乐发生冲突的时候，哪怕这种娱乐很有吸引力，我也会马上决定学习。（　　）

（6）在学习和工作中遇到困难的时候，最好的办法是立即向师长、同学求援。（　　）

（7）在长跑中遇到生理方面的不适反应，觉得跑不动时，我常常咬紧牙关坚持到底。（　　）

（8）我常常因读一本引人入胜的小说而不能按时睡觉。（　　）

（9）我在做一件应该做的事情之前，常常能想到做与不做的好坏结果，而有目的地去做。（　　）

（10）如果对一件事情不感兴趣，那么无论是什么事情，我的积极性都不高。（　　）

（11）当我同时面临一件该做的事情和一件不该做却吸引着我的事情时，我常常经过激烈斗争，使前者占上风。（　　）

（12）有时我躺在床上，下决心第二天要干一件重要事情（例如突击学一下

外语），但到第二天，这种劲头又消失了。（　　　）

（13）我能长时间做一件重要但枯燥无味的事情。（　　　）

（14）生活中遇到复杂情况时，我常常优柔寡断，举棋不定。（　　　）

（15）做一件事情之前，我首先想到的是它的重要性，其次才想它是否使我感兴趣。（　　　）

（16）我遇到困难情况时，常常希望别人帮我拿主意。（　　　）

（17）我决定做一件事情时，说干就干，决不拖延或让计划落空。（　　　）

（18）在和别人争吵时，虽然明知不对，我却忍不住说一些过头话，甚至骂他几句。（　　　）

（19）我希望做一个坚强且有毅力的人，因为我深信"有志者事竟成"。（　　　）

（20）我相信机遇，好多事实说明，机遇的作用有时大大超过人的努力。（　　　）

**计分办法**

（1）单号题1、3、5、7等每题后面的五种答案A、B、C、D、E依次是5、4、3、2、1分。

（2）双号题2、4、6、8等每题后面的五种答案A、B、C、D、E依次是1、2、3、4、5分。

计算出20道题的得分之和。

**意志力分析**

81~100分，意志力很坚强；61~80分，意志力较坚强；41~60分，意志力一般；21~40分，意志力较薄弱；0~20分，意志力很薄弱。

如果属于后三类，那就要磨炼良好的意志品质。例如，坚持、执着、负责任、恒心、毅力、专注于目标、忍耐、积极、顽强、不服输、不怕失败等这些重要品质。

> **生涯名词**

意志力

意志力是心理学中的一个概念。它是指一个人自觉地确定目标，并根据目标来支配、调节自己的行动，克服各种困难，从而实现目标的品质。

意志是通过行动体现出来的，它不是导致行为的简单冲动，而是对行为理智的引导。它是介于冲动与控制之间的一种自我调节与平衡，进而形成一种习惯性的心理状态。而意志力表现为一个人实现自己生活、学习、工作直至人生目标的重要品质，同时也是一个人克服困难、跨越障碍、解决矛盾的心智力量。这种心智力量越强，你越能更好地控制自己的行为。人的意志力是可以在社会实践活动中逐渐培养和锻炼出来的。

意志力可以让我们对能做之事产生决心，从而使人的心理功能或身体器官服从决心，也由此证明意志力的巨大力量，它对人的一生起着非常重要的作用。

**意志力的作用**

"意志塑造人"，意志力很重要，它的作用体现在以下六个方面。

（1）有意志力的人，会有坚强的信念，有明确的目标，会朝着目标努力，不会半途而废，不会被挫折打倒。

（2）有意志力的人，会有明确的计划，会有自己的目标和方向，会按部就班，不会随便改变，不会朝三暮四。

（3）有意志力的人，会有明确的时间观念，会按时完成自己的目标。

（4）有意志力的人，会有自己的原则，会懂得尊重别人，不会强迫别人，会给别人面子，不会让别人下不来台。

（5）有意志力的人，不会轻言放弃，会坚持到底。

（6）有意志力的人，不会随便找借口，会实事求是。

## 维持意志力需要的四个条件

1. 目的性

给自己设置明确、具体的目标，然后用意志力去实现这些目标。在实现目标的过程中，应该持续对自己的进度进行监督，确保自己能够坚持。另外，目标必须是可以实现的，过高、过难的目标容易造成主动放弃。

2. 灵活性和果断性

必须找到达成目标的有效方法并果断地执行，盲目的努力成效甚微，令人沮丧，只好无奈地放弃目标。好的方法永远是成功的制胜法宝。意志力的果断性是指一个人是否善于明辨是非，迅速而合理地采取决定和执行决定时的意志品质。果断性强的人，当需要立即行动时，能迅速地做出决断对策，使行动得以顺利进行。

3. 自制力和坚持性

在目标和方法确定后，自制力和坚持性就成为决定成败的关键因素，而自制力和坚持性都是可以通过训练得到提高的。自控只是一时的行为，而力不从心和失控却是常态。意志力的坚持性是最能体现人的意志的一种品质。坚持性强的人能根据目标要求，在长时间内毫不松懈地保持身心的紧张状态，在任何情况下，都坚持不变，直至达到目的。在遇到困难时，意志坚持性能激励自己树立克服困难的信心，始终如一地完成行动。所谓"锲而不舍，金石可镂"，正是意志坚持性的表现。凡有成就的人，都有极强的意志坚持性。

4. 奖励和惩罚

在成功的时候好好地奖励自己——有时是物质奖励，有时是精神嘉许；在失败的时候小小地惩罚一下自己，会起到意想不到的作用。给自己适当的奖惩，激励自己坚持的信心与勇气，同时激发内驱力。

**意志力的分级**

第一级：零级（没有想法与目标）。

第二级：奴（被动接受）。

第三级：拖延症（有安排，但不会掌控时间，行动力差）。

第四级：起跑者（有开始，没有结果）。

第五级：中途下车的人（坚持不到最后）。

第六级：慢跑爱好者（无法接受大的挑战）。

第七级：勇士（有主见，有想法，喜欢挑战，充满激情）。

第八级：长跑冠军（做事有张有弛，坚持度高）。

第九级：意志力国王（任何事情都无法阻止他，是意志力的主人）。

**初中生如何培养坚强的意志**

1. 从小事做起

要想把每一件事情都做到无懈可击，就必须从小事做起，付出你的热情和努力。古人云：不积跬步，无以至千里；不积小流，无以成江海。从身边的小事一点一滴做起，养成好的学习与生活习惯，做到"今日事，今日毕"。

2. 制订明确目标

意志力的表现首先要确立清晰的目标，然后将这个目标联系起来，将最终的目标分解成一个个小目标。

3. 监督自己

将良好的意志品质，最终应落实到我们的自我锻炼、自我检查、自我监督，自我鼓励上来。这是最重要也是最有效的方法和途径，只有自我具有主动性和能动性，效果才会更加明显。

4. 制订适合自己的学习计划

制订学习计划，其中的关键是你一定要做时间的主人，要学会管理时间，科学地管理时间，能使你在最短的时间内最高效地学习，从而提高学习成绩。例如，将这一个月要做的事情，全部罗列出来，然后平均分成四周来完成，并将每周完成的内容分解到每一天。

## 生涯体验一

### 小事情看出意志力

全班同学起立，把右臂抬起平伸，用两个手指夹住吹鼓的气球口，老师喊开始后，每位同学都不许动，保持右臂平伸不落下，手指夹紧气球口不放。老师及旁边的同学监督，看谁坚持的时间最长，谁就是胜利者。

我坚持的时间是：_____

班级坚持时间最长的人是：_____

这个游戏可以帮助我们看看自己的意志力和别人的差距，也提醒我们，在以后的学习和生活中时刻严格要求自己，从小事做起！

## 生涯体验二

### 坚强的意志力需要什么

竹子在前四年只能长 3 厘米，等到第五年它破土而出，就能以每天 30 厘米的速度疯长，六周时间就能长到 15 米。其实，在前面的四年，竹子将根须在土壤里延伸了数百平方米！这就是竹子的定律。

结合这个故事，进行小组讨论。请把竹子生长给你的启示写下来。

_____
_____
_____
_____

## 生涯训练

意志力训练

**步骤**

第一步：跟借口说拜拜。

我以前面对自己的不成功。会说一些类似于_____的借口，从此以后，我要正视自己的问题，勇于面对问题。

第二步：切断诱惑源。

我的诱惑源是_____，它们是破坏我意志力的罪魁祸首。

第三步：解决问题的焦点。

例句：为什么<u>我英语那么差？</u> 怎么能<u>提高英语成绩呢？</u>

为什么_____　　怎么能_____

为什么_____　　怎么能_____

为什么_____　　怎么能_____

第四步：找榜样。

小组内介绍一下自己知道的意志力超强并且取得成就的人物，代表人物有海伦·凯勒、张海迪，她们的事迹是：_____

第五步：从现在开始做起。

我决定从现在开始，每天坚持做一件小事：_____

_____

_____

监督人：

**总结**："伟大的事业不是靠力气、速度和身体的敏捷完成的，而是靠性格、意志和知识的力量完成的。"同学们，意志力是成功的重要心理因素，为了我们将来能拥有一番成就，就让我们从现在开始磨炼我们的意志吧！

## 第3节　学会面对挫折

### 生涯困惑

初一女生刘冰，活泼向上，各方面能力都不错，学习成绩也一直名列前茅。然而，一次语文课上，李老师正在板书时，刘冰的同桌张浩不停地拉她，刘冰忍无可忍，对张浩说："请你别吵，用心听课。"李老师顺着声音用责备的眼神盯着刘冰，并说了句："你，怎么变了？"一向自尊心很强的刘冰心里极不好受。从此以后，刘冰一看见李老师就远远地躲开了，她怕上语文课，看见语文课本就有一股莫名的火气。渐渐地，刘冰内心的挫折感越来越严重，致使语文成绩一落千丈。

刘冰因为承受了老师误解的挫折，导致成绩下滑。

我们在日常生活中，是否可以避免挫折，事事顺利呢？现在我们一起来讨论"人生难免有挫折"这个话题。

**点评**：人生不可能一帆风顺，总会遇到一些不如意或突发的事情。学习和生活是一个不断积累、不断解决问题、不断挑战自我的过程，在学习与生活中遇到挫折是很正常的。随着年龄的增长，随着环境的不断变化，我们会迎来新的任务和挑战。如何适应这些变化，战胜挫折成了我们的一门必修课。

常言道："只有经历地狱般的磨炼，才能炼出创造天堂的力量；只有流过血的手指，才能弹出世间的绝唱。""不经历风雨怎能见彩虹？"因而，挫折并不可怕,关键是遇到挫折时怎样面对,用什么态度面对。我们只有正视挫折、藐视挫折、勇敢地面对挫折,保持积极、乐观的生活态度,才能让自己变得更加强大。

## 生涯测试

挫折心理测试

请根据自己的实际情况,在下列各题中选出最符合的选项。

(1)在过去的一年中,你自认为遭受挫折的次数是?(　　)

A. 0~2 次　　　　　　　B. 3~4 次　　　　　　　C. 5 次以上

(2)你每次遇到挫折,会怎么处理呢?(　　)

A. 大部分都能自己解决　　B. 有一部分能解决　　C. 大部分解决不了

(3)你对自己才华和能力的自信程度如何?(　　)

A. 十分自信　　　　　　B. 比较自信　　　　　　C. 不太自信

(4)你对问题经常采用的方法是?(　　)

A. 知难而进　　　　　　B. 找人帮助　　　　　　C. 放弃目标

(5)有非常令人担心的事时,你会怎么做?(　　)

A. 无法学习与工作　　　B. 工作照样不误　　　　C. 介于A、B之间

(6)碰到讨厌的对手时,你会怎么做?(　　)

A. 无法应付　　　　　　B. 应付自如　　　　　　C. 介于A、B之间

(7)面临失败时,你会怎么做?(　　)

A. 破罐破摔　　　　　　B. 将失败转化为成功　　C. 介于A、B之间

(8)学习进展不快时,你的状态是?(　　)

A. 焦躁万分　　　　　　B. 冷静地想办法　　　　C. 介于A、B之间

(9)碰到难题时,你的状态是?(　　)

A. 失去自信　　　　　　B. 为解决问题而动脑筋　C. 介于A、B之间

（10）学习中感到疲劳时，你的状态是？（　　）

A.总是想着疲劳，脑子不好使　　　　B.休息一段时间，就忘了疲劳

C.介于A、B之间

（11）学习条件恶劣时，你的状态是？（　　）

A.无法学习　　　　B.能克服困难好好学习

C.介于A、B之间

（12）产生自卑感时，你的状态是？（　　）

A.不想再干了　　　　B.立即振奋精神去工作

C.介于A、B之间

（13）老师分配你很难完成的任务时，你会怎么选择？（　　）

A.拒绝了事　　　　B.千方百计干好

C.介于A、B之间

（14）困难落到自己头上时，你会感觉？（　　）

A.厌恶至极　　　　B.认为是个锻炼

C.介于A、B之间

## 评分标准

1~4题，选择A、B、C分别得2分、1分、0分。

5~14题，选择A、B、C分别得0分、2分、1分。

## 结果分析

19分及以上：说明你的抗挫折能力很强。

9~18分：说明你虽有一定的抗挫折能力，但对某些挫折的抵抗力薄弱。

8分及以下：说明你的抗挫折能力很弱。

## 生涯名词

### 挫折

挫折是人们在追求某种目标的活动中遇到干扰、障碍，遭受损失或失败时产生的一种心理状态。这种心理状态是由于人有各种需要不能满足，愿望和目标没有实现所造成的。挫折是一种情绪状态。当人在某种动机的推动下，为实现目标而采取的行动遭遇到无法逾越的困难障碍时所产生的一种紧张、消极的情绪反应和情绪体验。

**产生挫折的原因**

挫折究竟是怎样产生的呢？主要包括客观原因和主观原因。

1. 客观原因

客观原因也叫外部原因，是指由于客观因素给人带来的阻碍和限制，使人的需要不能满足而引起的挫折。它包括自然因素和社会因素。

（1）自然因素。包括各种由于非人为力量所造成的时空限制、天灾地变等因素。如在训练或施工中因意外导致受伤致残，家里遭受洪水、地震等自然灾害破坏，亲人生老病死所招致的挫折，都属于自然因素。

（2）社会因素。指个体在社会生活中受到政治、经济、道德、宗教、习惯等因素的制约而造成的挫折，如愿望因为名额限制而不能实现等。

（3）家庭因素。家长的盲目攀比容易给孩子带来挫折感，使他们真的以为自己处处不如人，对自己没有信心，攀比次数越多，影响越大，挫折感越强。还有许多家庭中家长过分保护和溺爱的教养方式以及挫折教育意识的缺乏，所带来的一系列负面效应——初中生缺乏独立生活能力，依赖性强，做事被动、胆怯；适应新环境的能力差，人际交往能力差，人际关系紧张；不良品质突出，缺乏意志力、同情心和社会责任感等。

2. 主观原因

主观原因也称为内部原因，指由于个人的生理因素和心理因素带来的阻碍和限制所产生的挫折。

（1）生理因素。生理因素的挫折指因自身生理素质、体力、外貌以及某些生理上的缺陷所带来的限制，导致需要不能满足或目标不能实现。如很想考体校或艺术类院校，可自己长得不够高大、不够英俊；体能训练上不去，就怪罪自己体质太弱或脑袋太笨；喜欢化学专业却是色盲等。

（2）心理因素。心理因素的挫折指个体因需求、动机、气质、性格等心理因素导致的活动失败、目标无法实现。如性格开朗、意志坚强、有自信心的人，比性格孤僻、意志薄弱、自信心差的人对挫折的容忍力要强。还有个性不完善也会导致挫折。如情绪不稳定，认识片面，自尊心与好奇心过强，理想浪漫，容易偏激，世界观不清晰，缺乏实践基础，耐力不强等。

**初中阶段会遇到的挫折**

1. 学习方面

学习成绩达不到目标，没考上理想的学校，无机会表现自己的才能和兴趣，求知欲望未得到满足。

2. 人际关系方面

不受老师喜爱，经常遭到老师的批评；经常受到同学的排斥、讽刺；没有能讲知心话的朋友；父母教育方法不当、亲子关系不良。

3. 兴趣和愿望方面

个人的兴趣和爱好得不到家人的支持，受到过多的限制和责备；或因生理条件的限制，不能达到自己所愿。

4. 自我尊重方面

得不到老师和同学的信任，常受到轻视；如自认为表现好而没被评上"三好学生"；自认为能干但没被选为班干部。

## 初中生如何正视挫折

**1. 正确对待生活、学习中的挫折**

任何一个人在成长的道路上，都会遇到这样那样的困难和挫折。我们要正视生活、学习中的挫折，把困难与挫折作为人生中的一次次考验，这是磨炼自己的契机。在挫折面前，我们要满怀必胜的信心，决不退缩，要千方百计去寻求新的解决问题的途径。在学习与生活中，我们需要发挥自己的积极性、主动性，减少对老师、家长的依赖，凡是自己能做的事，决不请别人代替，只有这样，才能在克服困难中增长才能。

**2. 正确处理人际关系**

融洽和谐的人际关系，是我们身心健康成长的保证。我们在人际交往中要学会聆听别人讲话，学会与同学和睦相处、真诚合作，要善解人意，遇事多换位思考，理解尊重他人。我们在与同学的交往中，要用心倾听他人的意见，在倾听的基础上用真诚的态度和对方交换意见。

**3. 善于自我疏导**

一个人不可能一帆风顺，万事如意，总是会发生或大或小的"不幸"，所以，我们需要正确地认识挫折。首先，挫折是具有普遍性的；其次，挫折是具有双重性的。它不仅能给人带来打击、痛苦和损失，还能给人经验，使人成熟，催人奋进。在困难与失败面前，要善于学会自我排解、自我疏导，将消极情绪转化为积极情绪，增强战胜挫折的勇气。有了抗挫折能力，便可成为意志顽强的人，一个意志顽强的人，很容易征服学习道路上的困难。

**4. 寻找榜样**

我们需要多读一些伟人的传记，向伟人们学习战胜挫折的方法和技巧，了解成功人士人生的真实经历，从他们的身上学到崇高的品德和思维方式，不断提升抗挫折能力。

每个人在成长路上不可能一帆风顺，这个世界等待他的不是只有鲜花与阳光、温暖与呵护。当遭遇挫折时，我们不要怨天尤人，要把失败的痛苦转化为动力，重新鼓起勇气大胆自信地再次尝试，把挫折看作是锻炼和考验自己的机会。

### 生涯训练一

请大家说一说有关"遇挫折，变压力为动力"的名言。

训练规则：分成三大组，名言接龙，一个挨一个说，中间如有间断，后面的同学接上。每组时间均为1分钟，在这1分钟内比一比看哪一组说的名言多。

### 生涯训练二

完成下列图谱（图6-1），按照时间顺序找一找自己经历过的逆境和挫折。在相应的位置上做标注，并总结一下这个挫折给你的经验教训有哪些。

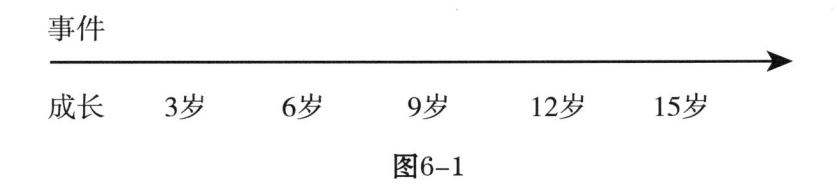

事件 →

成长　　3岁　　6岁　　9岁　　12岁　　15岁

图6-1

### 生涯训练三

#### 逆境中的名人轶事

参考：贝多芬，26岁失去听觉；华罗庚，18岁因伤寒而残疾；巴赫，从小父母双亡，家人反对学习音乐；林肯，经商失败，竞选屡次落选，亲人相继去世。

小组内介绍自己知道的有关普通人或名人曾经遇到的逆境，说一说他们是如何应对的？他们在逆境中是如何取得成就的？

人物：_____

逆境：_____

成就：_____

如何应对：_____

# 第二章　自我管理：做情绪的主人

有了自制力，就不会向人翻脸，或暴露出足以引起的不幸。有怎样的思想，就有怎样的生活。

——题记

## 第1节　自我管理

### 生涯困惑

肖文是一名初三的学生，平时上课不认真听讲，经常不完成作业，与同学经常发生矛盾，几乎天天违反纪律，学习成绩下滑得很厉害。还有半个学期就要中考了，班主任为此事很着急，找他谈话，希望他重新端正学习态度，将心思放在自己的学习上，更期望他中考能有好成绩，争取考上一所高中或职校。

班主任的谈话触动了肖文，他开始反思自己，也认为这样下去是不行的。于是下决心，要改变自己的不良习惯，全力以赴将心思放在学习上，努力把自己的学习成绩提升起来。他制订了自己的学习计划，可是一行动起来，他就觉得特别难。在父母与老师的监督下，他的表现还稍微好一些，可是一离开他们的视线，他就没法控制自己。每天面对枯燥的课本与练习题，让他感觉特别痛苦，总是想出去玩。每次玩完回来，看着没有完成的作业，想到又要面对老师与父母的责问，他也很后悔。他对自己已经没有太大的信心了，真不知道怎样才能改变自己的状况……

**点评**：进入初中之后，随着学习科目的增多，学习任务的加重，对学生的自我管理能力也是一种考验。谁能做好自我管理，抵制诱惑；谁能克服惰性，挑战自我；谁能安排好初中阶段的学习与生活，获得更好的成绩，谁就能在竞争激烈的环境中成为赢家。

对初中生来说，自我管理的内容主要是在学习与生活上，自我管理能力强的学生，在学习上更具有自主学习的意识，学习效率更高；在生活上更具有独立意识，生活自理能力强。我们通过对自我的管理，可以让我们平衡学习、生活与娱乐三者之间的关系，主动、自觉、科学地安排自己的计划，可以让我们更有效地提高学习效率与生活品质，完善个人的成长。

## 生涯测试

### 自我管理能力问卷调查

请根据题目的意思，如实回答以下各题，在符合你实际情况的方框中打"√"，每题只能选一项。

1. 早晨，你通常是：
□按时起床，自觉地洗脸、刷牙、吃早饭，迅速而有序
□起床、洗脸、刷牙、吃早饭磨磨蹭蹭，需要父母监督
□赖着不起床，起床后，匆匆忙忙顾不上吃早饭，东西丢三落四

2. 上课听老师讲解和同伴的发言时，你：
□大部分时间很专心
□如果对讲的内容感兴趣，就认真听，否则就不认真听
□容易走神，大多时间不能专心听讲

3. 自习课上，你完成作业之后会：
□复习、预习　　□看课外书　　□画画　　□和同学说话　　□睡觉

4. 回到家，不需要家人提醒就能很快开始做作业：

☐总是这样　　☐经常这样　　☐不能肯定　　☐很少这样　　☐从没这样

5. 你通常如何安排学习任务的先后次序：

☐先做最重要的，再做不重要的

☐先做简单的，再做难的

☐没有安排，随手拿起哪项学习任务，就完成哪项

☐先做老师布置的任务，再做老师后布置的任务

☐父母让我先做哪项，我就先做哪项

6. 在家里做作业时，喜欢边做边玩：

☐完全符合　　☐基本符合　　☐不能肯定　　☐基本不符合　　☐完全不符合

7. 你正在家写作业，这时有小伙伴来找你玩，你会：

☐不受影响继续写作业

☐心不在焉应付完作业，赶快去玩

☐语文数学作业，就赶紧先写完；若是其他作业，就先玩再做

☐不管作业，和小伙伴出去玩

8. 遇到难题时，你会：

☐自己想办法解决　　☐马上问老师或家长　　☐不管它

9. 遇到不合心意的事，你会：

☐能冷静地想一想　　☐总爱发脾气　　☐不高兴，但过一会儿就忘了

10. 对自己的物品，你会：

☐自己收拣，井井有条　　☐家长帮忙整理　　☐胡乱摆放，经常找不到东西

11. 在没有别人监督的情况下，你会：

☐能和有人监督时一样

☐放松对自己的要求但有愧疚感

☐放松要求无所顾忌

## 生涯名词

### 自我管理

自我管理，就是指个体对自己本身，对自己的目标、思想、心理和行为等等表现进行的管理，自己把自己组织起来，自己管理自己，自己约束自己，自己激励自己，自己管理自己的事务，最终实现自我奋斗目标的一个过程。以自我为中心，有助于让自身能够实现效率提升、情绪状态饱满、降低压力和增加幸福感，提升个人技能。

自我管理注重的是一个人的自我教导及约束的力量，即行为的制约是透过内控的力量（自己），而非传统的外控力量（老师、家长）。自我管理的主要内容包括自我心态管理、心智管理、时间管理、人际管理、学习管理、目标管理、自我反省管理等。

**自我管理的重要性**

《中国学生发展核心素养》对学生教育教学工作提出了更高的标准和要求。在核心素养体系中，自我发展是相当重要的一项内容，其主要目的是让学生有效地管理自我学习、生活，认识和发现自我价值，发掘自身潜力，从而更好地适应社会环境，实现更好的个人成长与发展。培养学生良好的自我管理能力，应当加强对其自我管理的引导，使其形成自我管理的意识、观念和行为习惯，增强他们的自我管理能力，这对于其今后一生的成长、发展都具有深远影响。由此可见，培养学生的自我管理能力非常必要。

自我管理的培养对我们十分重要，主要体现在以下四个方面。

1. 实现个人发展

一个具备自我管理能力的人，能够清晰地认识自己的优点和缺点，发挥自己的优势，制订适合自己的目标计划，平衡学习与生活的关系，主动自觉地安排好各项内容，按时完成任务，并且不断地自我调整改进，这样的人能够更容易实现自己的职业目标，取得成就。

2. 提高学习效率

一个具备自我管理能力的人能够规划好自己的学习时间，避免浪费时间，集中精力完成功课，同时又能够有效地控制自己的情绪，不受外界干扰，进一步提高学习效率。因此，自我管理能力是提高学习效率的重要保证。

3. 提高生活质量

一个具备自我管理能力的人能够规划好自己的时间与精力，不会让学习和生活相互干扰，从而让自己的生活更加充实和美好。同时，他们也可以控制情绪，避免因为情绪的波动影响生活质量，给自己树立学习目标，成为健康积极、阳光的人，从而更好地适应社会环境，实现个人价值。

4. 增强自信心和竞争力

一个具备自我管理能力的人，能够更好地把握自己的命运，不会被外界因素所左右，从而增强自信心，同时更好地掌控自己的时间和精力，提高自己的竞争力。

### 如何提高自我管理能力

1. 设定目标并制订计划

先设定一些明确的目标，并且要具体化和可衡量。然后，制订行动计划来实现这些目标。计划需要清晰明确，将大目标分割成小目标，然后逐步实现。

2. 良好的时间管理

时间管理非常重要，可以帮助你更加专注和高效地完成任务。要养成一个良好的时间管理习惯，可以使用日历、日程表、提醒等工具来帮助你有效地安排时间。

3. 学会优先事项排序

对于每一个人来说，都需要了解什么是真正紧急和重要的事情。一些任务可能看起来很重要，但实际上可能未能直接带来进展。在处理任务时，要清晰地了解紧急的事情和重要的事情，并做出相应安排。

4. 培养决策能力

在自我管理的过程中，一个非常关键的方面是能够做好决策。决策基于充足的信息和对情况的充分了解，所以要善于收集信息，进行分析和评估，最终做出决策。

5. 强化专注力

专注力对于自我管理也非常重要。只有当你能够专注于重要任务时，才能更加高效地完成。一种缓解注意力不集中问题的方式是断断续续地工作。通过休息时间和工作时间的交替，你可以提高专注力和学习效率。

6. 练习自我激励

练习自我激励也是提高自我管理能力的关键。首先，找到自己内在的动机；其次，将其与外部目标联系起来，形成一个迷人的愿景；最后，可以设定奖励和惩罚机制来对自己进行激励。

总之，提高自我管理能力对每个人都非常重要，在学习和生活的各个层面上都可以带来成果。上述方法可以帮助我们在一定程度上提高自我管理能力。

### 生涯训练

自我管理能力训练（表6-1）。

表6-1

| 训练内容 | 检测标准 | 周一 | 周二 | 周三 | 周四 | 周五 | 周六 | 周日 |
| --- | --- | --- | --- | --- | --- | --- | --- | --- |
| 学习管理情况 | 学习的自觉性（自觉主动地完成一天的学习任务） | | | | | | | |
| | 学习方法的使用（有意识地在学习过程中合理运用一些学习方法） | | | | | | | |
| | 对学习时间、内容等方面进行合理控制（学习内容的安排是否合理） | | | | | | | |
| 生活管理情况 | 内务独立完成情况（如打扫自己的房间） | | | | | | | |
| | 饮食的健康性，出行方式的安全性，娱乐活动的健康性 | | | | | | | |

自我管理前后情况对比（表6-2）。

表6-2

| 针对不同情况 | 自我管理之前 | 自我管理之后 |
| --- | --- | --- |
| 忙时 | 一天时间瞬间消失<br>制订了计划又被打破<br>找不到需要的学习资料<br>最反感有突发事件<br>忙碌但是没有成效<br>内心焦虑毫无幸福感 | 忙而不乱<br>履行承诺<br>高质高效<br>幸福美满<br>快乐进行 |
| 闲时 | 无所事事<br>看电视、玩游戏<br>看到别人努力就焦虑<br>毫无节奏感<br>一想到学习就想休息<br>得过且过 | 拥有能量和动力<br>朝梦想的方向前行 |

### 生涯故事

富兰克林的时间表（表6-3）。

富兰克林出身贫寒，只念了一年书就不得不到印刷厂做学徒。但他刻苦好学，自学数学和四门外语，成为美国的政治家、外交官、科学家、发明家而闻名于世。富兰克林的自我管理从两方面入手：一是自我时间管理，二是自我品德管理，并辅以每日严格检查。在自我管理方面，他把每天的作息时间列成表格，规定自己在何时工作，何时休息，何时活动。

表6-3

| 5：00—7：00 |
| --- |
| 起床、洗漱、祷告、早餐<br>规划每天的事务<br>晨读和深度思考<br>在这段时间里，他向自己提了一个很有意义的问题：我这一天将做哪些有意义的事 |
| 8：00—11：00 |
| 切实执行一天的工作时间 |

| 12：00—13：00 |
|---|
| 读书或查账、吃午饭 |
| 14：00—17：00 |
| 工作迅速完成，把自己做好的工作仔细检查，有错误的地方立即改正 |
| 18：00—21：00 |
| 整理杂物，把用过的东西物归原处。晚餐、音乐、娱乐、聊天，做每天的反省。这段时间，他提出了一个自我反省的问题：我今天做了什么有意义的事情 |
| 22：00 |
| 睡觉 |

富兰克林的自我品德管理（表6-4）。

表6-4

| 序号 | 需要培养的美德 |
|---|---|
| 1 | 节制：食不过饱，饮酒不醉 |
| 2 | 寡言：言必于人、于己有益，避免无益地聊天 |
| 3 | 生活秩序：每一样东西应该有一定的安放地方，每件日常事务应有一定的时间去做 |
| 4 | 决心：当做必做，决心要做的事，应坚持不懈 |
| 5 | 俭朴：用钱不要浪费 |
| 6 | 勤勉：不浪费时间，每时每刻做些有用的事情 |
| 7 | 诚恳：不骗人，思想要纯洁公正，说话也要如此 |
| 8 | 公正：不做损人利己之事 |
| 9 | 适度：避免极端，若给了你处罚，应当容忍 |
| 10 | 清洁：身体、衣服、住所，力求清洁 |
| 11 | 镇静：不要因为小事或者普通不可避免的事故而惊慌失措 |
| 12 | 贞洁：为了健康，切忌伤害身体或损害自己以及他人的安宁和名誉 |
| 13 | 谦虚：仿效苏格拉底 |

## 生涯练习

### 时间饼

根据你的回忆，将你日常24小时中每个活动所占据的时间按比例画在饼图6-2中。

图6-2

**反思与讨论**

（1）你的时间用在主要目标上了吗？原因何在？

_____

（2）哪些事情是根本不必做的？在记录中占多长时间？

_____

_____

（3）哪些活动可以再少用一些时间？需要采取什么措施？

_____

_____

（4）别人浪费了你的时间吗？你浪费了别人的时间吗？

_____

_____

**总结：** 初中三年，祝愿每一位同学能度过快乐的学习时光，能学习好，身体好，成为自己想成为的人，过上自己想要的生活。学会生活，学会学习，学会创造，学会做人，学会自我管理，成为一个对社会、对家庭有用之人！

## 第2节 学会管理情绪

**生涯困惑**

小方脾气特别不好，很容易情绪化，无论在家里，还是在学校，只要遇到稍有一点不如意的事情，他的坏情绪便立即爆发。在家里，父母如果对他的评价令他感觉不舒服，他就会哭闹……在学校，同学们也因为他的脾气问题不敢靠近他，慢慢地疏远了他。父母也知道他的这个性格，咨询过学校的心理老师，但是效果不大。小方也想做些改变，但是不知道如何做。这件事让他很苦恼。

**点评**：情绪是人感知世界的一种方式，喜怒哀乐是人的基本情绪。人的一生离不开情绪的影响，人的情绪会直接影响我们在学业、亲子关系、人际关系及身心健康方面的发展。

情绪存在于我们的体内，有时它属于自己，有时又不属于自己。当情绪属于自己时，我们可以做情绪的主人；当情绪不属于自己时，那我们只能做情绪的仆人。对于初中生而言，情绪会影响到我们的学习活动，情绪的好坏是可以直接影响学习效率与学习成果的。

因此，学会管理情绪很重要，通过情绪训练，可以有效地调节情绪。保持积极向上、乐观的情绪，有利于身心健康。

## 生涯测试

情绪健康自测

下面每个问题中有 A、B、C 3 种答案供你选择，选择一个与你实际情况最相近的答案。

（1）看到自己最近拍的照片，你有何想法？（　　）

A. 不称心　　　　　B. 可以　　　　　C. 很好

（2）你是否想到若干年后会有什么使自己极为不安的事？（　　）

A. 经常　　　　　B. 偶尔　　　　　C. 从不

（3）是否被朋友、同学起过绰号，挖苦过？（　　）

A. 经常　　　　　B. 偶尔　　　　　C. 从不

（4）你睡觉上床后，是否经常起来一次，看看门是否关好？（　　）

A. 经常　　　　　B. 偶尔　　　　　C. 从不

（5）你对与你关系最密切的人是否满意？（　　）

A. 不满意　　　　B. 基本满意　　　C. 非常满意

（6）你在半夜是否常常觉得有害怕的事？（　　）

A. 经常　　　　　B. 偶尔　　　　　C. 从不

（7）你是否经常梦见什么可怕之事而被惊醒？（　　）

A. 经常　　　　　B. 偶尔　　　　　C. 从不

（8）你是否有多次做同一个梦的情况？（　　）

A. 有　　　　　　B. 无　　　　　　C. 记不清

（9）有无一种食物使你吃后呕吐？（　　）

A. 有　　　　　　B. 无　　　　　　C. 记不清

（10）除了看得见的世界外，你心里有无另外一种世界？（　　）

A. 有　　　　　　B. 无　　　　　　C. 记不清

（11）你心里是否觉得你不是现在的父母所生？（　　　）

　　A. 经常　　　　　　　　B. 偶尔　　　　　　　　C. 从不

（12）你是否曾经觉得有一个人爱你或尊重你？（　　　）

　　A. 是　　　　　　　　　B. 否　　　　　　　　　C. 说不清

（13）你是否常常觉得你的家庭对你不好，但是你又的确知道他们对你好？（　　　）

　　A. 经常　　　　　　　　B. 偶尔　　　　　　　　C. 从不

（14）你是否觉得没有人十分了解你？（　　　）

　　A. 是　　　　　　　　　B. 否　　　　　　　　　C. 说不清

（15）你在早晨起来时经常有的感觉是什么？（　　　）

　　A. 忧郁　　　　　　　　B. 快乐　　　　　　　　C. 说不清

（16）每到秋天，你经常有的感觉是什么？（　　　）

　　A. 秋雨霏霏或枯叶遍地　　B. 秋高气爽或艳阳天　　C. 说不清

（17）你在高处时是否觉得站不稳？（　　　）

　　A. 是　　　　　　　　　B. 否　　　　　　　　　C. 说不清

（18）你平时是否觉得自己很强健？（　　　）

　　A. 是　　　　　　　　　B. 否　　　　　　　　　C. 说不清

（19）你是否一回家就立刻把房门关上？（　　　）

　　A. 是　　　　　　　　　B. 否　　　　　　　　　C. 说不清

（20）你坐在小房间里把门关上后，是否觉得心不安？（　　　）

　　A. 是　　　　　　　　　B. 否　　　　　　　　　C. 说不清

（21）当一件事需要你做决定时，你是否觉得很难？（　　　）

　　A. 是　　　　　　　　　B. 否　　　　　　　　　C. 说不清

（22）你是否常用抽签、投硬币等方法来测凶吉？（　　　）

　　A. 是　　　　　　　　　B. 否　　　　　　　　　C. 说不清

（23）你是否常常因为碰到东西而跌倒？（　　　）

　　A.是　　　　　　　　B.否　　　　　　　　C.说不清

（24）你是否需要一个小时才能入睡，或醒得比计划的早一个小时？（　　　）

　　A.是　　　　　　　　B.否　　　　　　　　C.说不清

（25）你是否觉得自己有超越常人的能力？（　　　）

　　A.是　　　　　　　　B.否　　　　　　　　C.说不清

（26）你是否曾看到、听到或感觉到别人察觉不到的东西？（　　　）

　　A.是　　　　　　　　B.否　　　　　　　　C.说不清

（27）你是否曾经觉得因有人跟着你走而心不安？（　　　）

　　A.是　　　　　　　　B.否　　　　　　　　C.说不清

（28）你是否觉得有人在注意你的言行？（　　　）

　　A.是　　　　　　　　B.否　　　　　　　　C.说不清

（29）当你一个人走夜路时，是否觉得前面潜藏着危险？（　　　）

　　A.是　　　　　　　　B.否　　　　　　　　C.说不清

（30）你对自杀行为有何想法？（　　　）

　　A.可以理解　　　　　B.不可思议　　　　　C.说不清

**计分说明**

以 A=2，B=0，C=1 的换分方式，将你所测结果统计出来，看一看所得分数是多少。得分越少，你的情绪越佳，情绪越健康，反之越差。

总分在 0~20 分，说明情绪稳定，自信心强，具有较强的美感、道德感和理智感。你有一定的社会活动能力，能理解周围人的心情，顾全大局，是一个心情爽朗、受人欢迎之人。

总分在 21~40 分，说明情绪基本稳定，但较为深沉，对事情考虑得过于冷静，处事淡漠消极，不善于发挥自己的个性。你的自信心受到压抑，办事的热情忽高忽低，瞻前顾后，踌躇不前。

总分在 41~50 分，说明情绪极不稳定，日常烦恼太多，常使自己的心情处于紧张和矛盾之中。

总分大于 50 分，说明一种危险信号，你务必请心理咨询师或心理医生做进一步诊断。

### 生涯名词

*情绪*

情绪是人的一种心理现象。正如欢乐、忧虑、苦恼等都属于情绪活动，它是个人的内心感受和主观体验，是人各种感觉、思想和行为综合的心理和生理状态，是对环境刺激所产生的心理、生理反应以及行为表达方式。

情绪主要分为积极情绪和消极情绪两大类。积极情绪对心理健康有益，消极情绪则会影响身心健康。如果人存在着过度的消极情绪，长期不愉快、恐惧、失望的话，会严重影响个人的学业、身心健康和人际关系等方面，严重者还会产生一些心理障碍疾病。比如，抑郁症、恐惧症、强迫症等。

在日常的生活中，我们会遇到很多人和各种事，难免会产生不一样的情绪反应。情绪不仅仅是人的一种心理现象，还对人的心理健康有巨大影响。因此，我们应该主动去调适情绪，做一个快乐、心理健康的人。

### 讨论

（1）你知道人为什么会感到愉快、郁闷、烦恼、痛苦、焦虑、抑郁吗？

（2）你知道情绪产生的原因是什么呢？

（3）情绪如何识别？情绪又有哪些形式呢？

（4）我们会遇到哪些应激事件？应该如何应对？

（5）你知道如何使自己的情绪健康吗？

## 关于情绪的词语

情绪是自我觉察的工具，你所知道的情绪有多少种表现形式呢？

普遍、通俗的情绪有喜、怒、哀、惊、恐、爱等，也有一些细腻微妙的情绪，如嫉妒、惭愧、羞耻、悲伤、愤怒、恐惧、压力、怨恨、自豪等。具体可以分为以下几种。

1. 描述情绪的词语（表6-5）

表6-5

| | |
|---|---|
| 伤心、痛苦、悲伤、悲泣、忧伤 | 低沉、消沉、悲观、消极、酸涩 |
| 悲痛、沮丧、气馁、郁闷、烦躁 | 落魄、绝望、呆滞、心烦、伤感、黯然、惆怅 |

2. 描述好心情的词语（表6-6）

表6-6

| | |
|---|---|
| 开心、高兴、欢喜、喜悦 | 笑逐颜开、喜不胜收、欢呼雀跃 |
| 眉开眼笑、眉飞色舞、喜气洋洋 | 喜笑颜开、怡情悦性、喜从天降 |
| 满面春风、载歌载舞、兴高采烈 | 惊喜若狂、喜不自禁、欢欣鼓舞 |

3. 表示愤怒的词语

怒不可遏、怒形于色、怒火中烧、忍无可忍。

4. 表示懊恼的词语

垂头丧气、灰心丧气、心灰意冷、心灰意懒、万念俱灰、自暴自弃、黯然销魂、大失所望。

5. 表示烦乱的词语

坐立不安、局促不安、忐忑不安、方寸大乱、心烦意乱、六神无主、七上八下、神魂颠倒、心神不定、心乱如麻、若有所失、惘然若失、长吁短叹、度日如年、如坐针毡、火烧火燎、抓耳挠腮。

6. 表示激动的词语

悲喜交加、义愤填膺、百感交集、感人肺腑、动人心弦、情不自禁、心潮澎湃、慷慨激昂。

7.表示感激的词语

感激涕零、感恩戴德、谢天谢地、没齿难忘、感同身受。

**情绪分类**

情绪一般分为基本分类和状态分类两种。

1.情绪的基本分类

情绪一般分为快乐、愤怒、悲哀、恐惧四种基本形式，也就是我们常说的喜、怒、哀、惧。

快乐：指一个人盼望和追求的目的达到后产生的情绪体验。

愤怒：指所追求的目标受到阻碍，愿望无法达成时产生的情绪体验。

悲哀：指失去心爱的事物或理想，愿望破灭时产生的情绪体验。

恐惧：指企图摆脱和逃避某种危险情境而又无能为力时产生的情绪体验。

2.情绪的状态分类

心境：也称心情，是一种微弱、平静和持久的情绪状态，没有特定的指向性，不指某一特定对象，而是使人们的整个生活都染上某种情绪色彩。特点：弥散性、微弱性、长期性。

激情：是一种强烈的、爆发式的、短暂的情绪状态。通常是由对个人有重大意义的事件引起的，往往带有特定的指向性，伴随着生理变化和明显的外部行为表现。激情会给人带来或积极或消极的影响。

应激：是出乎意料的紧迫情况所引起的急速而高度紧张的情绪状态。个体在应激状态下的反应有积极的也有消极的，积极的表现为急中生智，消极的表现为惊慌失措。

**情绪的双面性**

情绪本身其实无所谓好与坏。情绪异常和心情、性格、脾气、目的等因素互相作用，也受到荷尔蒙和神经递质的影响。无论正面的还是负面的情绪，都会引发人们行动的动机。良好的情绪会促进人的身心健康，有助于建立良好的人际关系。不良的情绪会危及人的身心健康，会让人沉迷于消极之中。

正面情绪：快乐、热情、喜悦、积极。

负面情绪：悲伤、愤怒、内疚、焦虑、嫉妒。

情绪的双面性会产生不同的结果，同时，情绪是可以调节的，尽量保持积极的情绪，习惯后让自己成为一个积极、阳光的人。

### 生涯训练一

找出你生活中的高频词

下面这些描述情绪的常见词汇，哪些是你生活当中的高频词？

1. 蕴藏正能量的词汇

高兴、开心、快乐、舒畅、甜蜜、喜悦、心旷神怡、如意、顺心、幸福、圆满、热爱、喜欢、自信、亲密、信赖、安心、宁静、轻松、踏实、昂扬、鼓舞。

2. 投射负能量的词汇

愤怒、恼火、悲哀、伤感、伤心、郁闷、痛苦、惨然、痛心、心酸、胆怯、害怕、心有余悸、委屈、自卑、失望、孤独、淡漠、压力、紧张、焦虑、消沉、迷茫、空虚、厌倦。

请大家思考，这些词汇在生活与学习中带给你什么样的情绪反应，对你有着什么样的影响？

_____

_____

_____

## 生涯训练二

训练正向思维，学会情绪转化

面对下面的事件，你通常会有怎样的想法，会产生怎样的情绪？

事件：被老师批评

通常的想法：_____

带来的情绪：_____

能否转化成正向思维？

换一种想法：_____

带来的情绪：_____

### 初中学生产生负面情绪的原因

1. 学习恐慌

学习压力大，发现能力不够，学习成绩差。学业压力是学生生活中的重要应激源，过高的学业压力会引发学生的身心健康问题，并削弱其学习效能与动力，从而产生一种强烈的厌学情绪。

2. 生活恐慌

与家人关系不和谐，不被认可与接纳。有些学生出现情绪障碍，是来自与家长之间的冲突，平时根本没法与家长沟通和交流，觉得家长根本不能理解自己，从而产生更多的家庭矛盾。因此，整个家庭氛围也比较差，导致他们出现情绪方面的问题。

3. 人际恐慌

主要表现为学校师生关系处理不好，同学之间的交流少。有的人可能不善于与人沟通和交流，这样就会让自己产生一种自闭心理，久而久之便会出现情绪问题。

4. 预期恐慌

对未来不确定，恐慌。因为自己设定的愿望没能实现，不知道自己以后会怎样，没有目标计划，不知道自己以后该做什么。所以，对自己的未来感到很迷茫与担忧，这是自我价值没实现而产生的不良情绪。

**情绪的自我管理与调节**

合理情绪疗法——改变认知。

哲学家认为，困扰人们的不是事物本身，而是对事物的看法。

情绪 ABC 理论认为，一个人的情绪好坏是由自己的想法所决定的，如果能改变一个人的不正确想法，就能改变他的情绪甚至行为。

A. 代表可能引发情绪波动的事件（activating event）；

B. 代表解释类似事件的想法（belief）；

C. 代表类似事件引起的后果或神经过敏的表现（emotional and behavioral consequence）。

如果能找到人的非理性信念，并驳斥干预此信念，以合理信念取代之，人就会有新的情绪产生，拥有较好的情绪反应。

詹姆斯-兰格的"情绪学说"谈到情绪涉及心理感受、认知评价、生理变化、行为反应四个层面。

詹姆斯认为，情绪就是人对自己身体变化的感、知觉，当知觉刺激我们的对象，立刻就会引起身体上的变化，在这些变化出现之时，我们对这些变化的感觉就是情绪。

情绪只不过是对于身体所发生的变化的感觉，如果没有了身体变化，如肌肉紧张、心动加剧等，也就没有什么情绪；身体变化在先，情绪体验在后。詹姆斯认为没有任何心理变化不是伴随着或跟随着某种身体变化的。

**情绪管理的两个关键点**

情绪是人的基本心理状态。它的存在可以影响人的思考、行为和健康。情绪管理能力是一种非常重要的能力，它可以帮助我们更好地应对生活中的各种挑战和压力。然而要做好情绪管理并不容易。因为情绪往往是复杂的、多元化的。在情绪管理中，情绪识别和表达是两个关键的环节。

1.学会识别自己的情绪

准确地辨别自己和他人的情绪是情绪管理的第一步。时常觉察自己的情绪，当情绪冲动时，只要我们懂得把握自己不采取行动；有时候，甚至只需要一分钟的把持，就可以避免许多的麻烦甚至不幸。学会识别情绪有助于增强自我认知，增强沟通能力，促进人际关系的和谐。

2.学会情绪表达，做出相应改变

以适当的方式表达自己的情绪是情绪管理的第二步。当我们产生情绪时，表示生活中有事件刺激而至引发警报。与此同时，若我们能察觉到情绪的产生并认知情绪的种类，可以延缓情绪瞬间的爆发，并有针对性地进行管理。学会情绪表达在于减少负面情绪，提高人际关系的质量和促进身心的健康发展。

**强化情绪管理最实用的三招**

第一招：辨识自己的情绪。这是强化情绪管理的第一步。

第二招：分享感受。感受内在的情绪并表达出来，有助于转化情绪。

（1）聆听并感受。

（2）鼓励选择自己喜欢的处理方式，如绘画、听音乐、跑步、深呼吸等去舒缓情绪。

（3）留意非语言的情绪表达。

第三招：处理情绪。

（1）了解情绪反应背后的想法。

（2）运用"情绪红绿灯"，养成"三思而后行"的习惯，强化自我情绪管理。

STOP 红灯。停下来，告诉自己不要冲动，试着做几下深呼吸，松弛自己。

THINK 黄灯。说出问题所在及自己的感受和想法，定一个可行的目标，想出多种解决方案，思考每项方案的后果。

DO 绿灯。选择最佳方案付诸行动。

## 调节情绪的10种方法

（1）借运动发泄情绪。

（2）看书调剂身心。

（3）看影片。

（4）找知心朋友或跟父母、师长聊天倾诉。

（5）用日记写下自己的心情。

（6）睡觉，忘掉不愉快。

（7）逛街，转移注意力。

（8）郊游外出，呼吸新鲜空气。

（9）看海，听涛声。

（10）听音乐、唱歌。

### 生涯训练三

认知不良情绪

例如：考试焦虑

错误认知：考不好就完了，就没有前途了。（过度看重考试的结果）

正确认知：我已经复习好了，已经做好了迎接考试的准备了。（重过程，轻结果）

1. 因上课听不懂而苦恼

错误认知：我可真笨，别人都能听懂，就我不行。

正确认知：_____

2. 莫名地不高兴

错误认知：完了，今天一天的心情又不好了，今天又是糟糕的一天。

正确认知：_____

3. 好朋友不理我，郁闷

错误认知：他根本不配做朋友，还不如不理他。

正确认知：_____

### 生涯训练四

我的情绪清单（表6-7）。

**活动步骤：**（1）每个人按照自己曾经的记忆如实填写下面的愤怒清单。

（2）小组内交流，如何控制好自己的情绪。

表6-7

| 具体内容 | 愤怒事件一 | 愤怒事件二 |
| --- | --- | --- |
| 什么时间 | | |
| 因为什么生气 | | |
| 当时生气的程度 | 有点　非常　特别 | 有点　非常　特别 |
| 当时的表现 | | |
| 觉得当时的表现是否得当 | 是　否 | 是　否 |
| 问题是否解决 | 是　否 | 是　否 |
| 换了现在你想如何调整 | | |

## 第3节　提升自信心

### 生涯困惑

小铭上课不敢举手发言，明明知道答案，也很想举手起来回答，但是就是不敢在同学们面前发言。有时老师点名让他回答问题，他也会很紧张，说话与平时完全判若两人。平时在家里也是一样，做一点小事也怀疑自己，做起事来特别小心，生怕做不好，会让父母不高兴。在学校的演讲比赛中，他非常羡慕那些可以站在演讲台上的人，他感觉自己事事不如人……

**点评：**自信是一粒种子，深藏在每个人的心中，只有我们自己才会让种子发芽。凡事只有相信自己，相信自己通过努力，能获得他人的尊重和认可；相信自己可以在大庭广众之下毫无畏惧地发言；相信自己在面对各种困难时，同样可以保持勇往直前的信念与顽强的精神；相信所有的一切。都因我们内心有信念，才会让我们充满自信！

### 生涯测试

自信心测量（表6-8）。

请如实回答表中的问题，答案没有对错之分，根据你的实际情况，凭第一感觉回答即可。

表6-8

| 题目 | 是或否 | 得分 |
| --- | --- | --- |
| 一旦你下了决心，即使没有人赞同，你仍然会坚持做到底吗 | | |
| 你走路时大多是抬头挺胸吗 | | |
| 你喜欢声音响亮的讲话吗 | | |
| 别人严厉地批评你，你会觉得自己一无是处吗 | | |
| 对别人的赞美你持怀疑的态度吗 | | |
| 你常常觉得自己比别人差吗 | | |
| 你对自己的外表满意吗 | | |
| 你认为自己的能力比别人差吗 | | |
| 你是一个受欢迎的人吗 | | |
| 你跟别人说话时注视别人的眼睛吗 | | |
| 危机发生时你很冷静吗 | | |
| 你认为自己只是一个寻常人吗 | | |
| 你经常希望自己长得像某人吗 | | |
| 你认为你的优点比缺点多吗 | | |
| 上课发言时你会紧张吗 | | |

**计分方法**

第1、2、3、7、9、10、11、14题选"是"得1分,选"否"得0分。

第4、5、6、8、12、13、15题选"是"得1分,选"否"得0分。

**结果分析**

11~15分,说明你的自信心十足,了解自己的优缺点。不过如果你得分是15的话,别人可能会认为你很自大狂傲。

6~10分,说明你对自己颇有自信。但是人或多或少缺乏安全感,对自己产生怀疑。你不妨提醒自己,在各方面并不弱于别人,特别强调自己的才能和成就。

6分以下,说明你对自己显然不太自信。你过于谦虚或自我压抑,因此会经常受到他人的支配。从现在起,先学会看重自己,这样别人才会真正看重你。

## 生涯名词

### 自信心

自信心是一种反映个体对自己是否有能力成功地完成某项活动的信任程度的心理特性,是一种积极、有效地表达自我价值、自我尊重、自我理解的意识特征和心理状态,也称为信心。

自信心的个体差异不同程度地影响着学习、竞赛、就业、成就等多方面的个体心理和行为。它是心理健康的重要标志之一,也是一个人取得成功必须要具备的一项心理特质。

英国现代杰出的现实主义戏剧作家萧伯纳有句名言:"有自信心的人,可以化渺小为伟大,化平庸为神奇。"自信就是相信自己的力量,自信心就是确信自己所追求的目标是正确的,并坚信自己有力量与能力去实现所追求的目标。自信心的建立不是天生的,更不会随心而得。一个人的自信心与他的成功概率成正比。自信心越强，越能够不畏失败，不怕挫折，不懈进取。自信心越强，越能够产生强大的精神动力和进取激情，排除一切障碍去实现自己的目标。还有一点我们要相信，自信是可以通过后天训练的。

**自信的特征**

1. 自信的人格特征

活泼、开朗、坦诚、虚心、大度、轻松、言行一致、幽默、勇敢、果断。

2. 自信的语言方式

"我相信……你是怎样认为的？"

"为解决这个问题，看看我们能做些什么？"

"我打算用这种方式完成工作，不会对你有影响吧？"

3. 自信的行为模式

坚定、适中的声音，口齿清楚、语言流畅，目光稳定注视而不具挑衅，表情坦诚，身体自然放松而有控制。

4. 自信的学习特点

学习主动，进取心强，坚忍不拔，执着追求，不畏困难。

**自信对个人成长的重要性**

爱默生说过："自信是成功的第一秘诀。"自信是一个人的成长和成功最不可或缺的要素。自信是一种强大的精神力量，它鼓舞人们去克服困难，不断进步。自信使人战胜逆境，集中全部智慧和精力去迎接各种挑战。

美国教育家戴尔·卡耐基在调查了很多名人的经历后指出："一个人事业上成功的因素，其中学识和专业技术只占15%，而良好的心理素质占85%。"自信是推动人们进行各类活动的强大动力，也是取得成功的有力保证。

1. 性格方面

自信的人在性格上表现得更加活泼、开朗与果断。他们能够坦然面对生活的挫折与挑战，并能够在关键时刻表现得更加果敢与坚韧，他们对生活始终充满必胜的信心。

2. 人际交往方面

自信的人在人际交往中表现坦诚、热情与宽容。他们能够包容接受他人的弱点，懂得如何赞赏与认可他人，他们了解自己的不足，并且能够坦然接受他人给自己提出的宝贵意见，并想尽一切办法去调整自己，让自己做得更好。

3. 人生态度方面

自信的人在人生态度上时常表现得更加勇敢、大度与开放，他们知道一个人的成功受多种因素影响，如社会环境、人脉资源、个人能力、心态、机遇等。他们敢于接受新的事物，大胆尝试接受新的挑战，在关键的时刻，他们总表现出一种大智大勇的格局与气度，他们希望在自己的努力之下，能够获得更多的机会，真正做行动的主人。

## 建立自信心的步骤

1. 建立积极的自我观念

明确自我态度，控制自我形象，修正消极的自我评价。看到自己的长处和力量，将自己想象成为理想中的模式，自我确认并将其言词化："我喜欢我自己""我是负责的""我很有能力"。有"偶像"的人格特质。

2. 设定有价值的目标

设定目标是对自己的期望。热切的欲望是自信的开始，一个人心中有目标才不会对失败持有恐惧感。设定的方法和目标必须切实可行，必须有价值，反复写出你的目标，将目标视觉化，想象达成目标的愉快感觉，随时专注在这些目标上，充满信心地期待。

3. 逐个击破不自信的苗头

绝不拖延，拖延导致压力，将不自信的苗头分解，逐个击破。每一个小的进步都是对自身自信心的鼓励，勇敢地面对困难与失败，逃避失败永远不会成功。

### 4. 克服恐惧心理

克服恐惧其实也挺简单,主要在于行动。专注于你手中的事情,勇于改变自己。积极的行动会让我们感到更加坚定,当你积极地行动起来后,你就会发现恐惧其实并不可怕,与其担惊受怕、害怕失败,不如勇敢前行。

## 生涯探索

### 唤醒自己——写出自己的优点

请分别采访你自己、你的父母、你的老师、你的同学,听他们说一说你的优点与长处(可以从性格、能力、学习、工作等各个方面着手),并填写在表6-9中。

表6-9

| 【我自己】认为我的优点有: | 【我的老师】认为我的优点有: |
|---|---|
| 【我的父母】认为我的优点有: | 【我的同学】认为我的优点有: |

## 生涯训练

### 自信心训练

自信需要长期坚持,训练更需要自我不断地完善,所以让我们踏踏实实从每天的行动开始(表6-10)。

表6-10

| | 训练内容 | 完成情况 |
|---|---|---|
| 公开表达 | 课堂上主动举手发言 | |
| | 在群体中勇敢表达自己的观点 | |
| | 表达自己的质疑 | |
| 善待他人 | 主动与他人微笑地打招呼 | |
| | 主动帮助他人 | |
| | 适当真诚地赞美他人的优点 | |
| 悦纳自己 | 表扬自己今天做得不错的一件事或一个行为 | |
| | 为自己的失败找一个合理的解释 | |

续表

| 训练内容 | | 完成情况 |
|---|---|---|
| 增加实力 | 做一件困难又有意义的事情，如早起背单词 | |
| | 克服一种经常又无价值的坏习惯，如赖床 | |
| 运动减压 | 跑步或其他你喜欢的运动 | |
| 积极暗示 | 你的暗示语 | |

**总结：** 自信是对自我能力和自我价值的一种肯定。自信心是一个人的潜能得以释放的精神源泉，是我们克服困难走向成功的重要保证。坚定的自信心往往可以产生奇迹。一个自信的人可以在不利的环境中坚持自己，只要有信念就不会被不利的环境改变自己正确的观点。如果缺乏自信，很容易陷入盲目相信别人的境地，令自己变得毫无主见。

对于学生而言，在学习上如果缺少了自信，就会缺少前进的动力。自信是十分重要的精神支柱，也是我们前进的内在动力。

# 第七篇　专业与职业选择

中学时期是职业发展的前塑期。由于缺乏了解，大多数学生对专业和未来职业的认识还很模糊，对专业与职业的选择也感到很迷茫。因此，职业生涯规划就显得特别重要。

近几年，国家有关部门也越来越关注中学阶段学生的职业生涯规划，很多中学也开设了生涯教育课程，其目的是帮助学生尽早了解自我，唤醒他们的生涯意识，引导他们对专业与职业的了解，厘清专业与职业的关系，学会职业决策，确立自己的职业目标，为未来的职业生涯做好准备。

# 第一章　认识专业：学科与专业

能力永远和它的发挥有关，无论这种发挥是现实的，还是很可能会实现的。

——题记

## 第1节　认识专业

### 生涯困惑

小东从小就特别喜欢拼装各种玩具。上了初中，他对这一方面的热爱程度有增无减。有一次去同学家里玩时，看到一台台式电脑就特别好奇，并且一口气将这台电脑拆卸下来，去探究里边的各个零部件，正因为这件事，令同学很不开心。上初三后，他就想将来一定要从事与之类似的职业，比如机械师、设备维修，汽车维修等，但是他不太了解这些职业，将来应该可以就读哪些专业？这令他很苦恼……

**点评**：每年中考或高考后，在面临填志愿的时候，很多同学都感到非常纠结，生怕填错了耽误自己的一生。对于参加中考的学生来说，填报志愿一定要慎重。在填报志愿时，我们要综合考虑多方面的因素，特别是要多了解一些与专业、职业有关的知识。我们在选专业的时候一定要考虑自己的兴趣。因为专业在某种程度上就是我们未来从事的职业。专业选错了，这意味着我们将来从事的职业也会很难找到成就感。此外，选专业还要考虑自己的性格、兴趣、潜能、价值观及所选专业未来的发展前景等因素。专业的选择对我们的一生会产生很大的影响，因为它决定了我们未来职业的发展方向。

## 生涯测试

专业调查问卷

请根据你对专业的了解情况，结合自己当下的感受如实、客观地在下列各题中选择最符合你的答案。

（1）你对专业有所了解吗？（　　）

A. 很了解　　　　　　B. 比较了解

C. 一般　　　　　　　D. 不太了解　　　　　E. 很不了解

（2）你选择专业前主要通过什么途径了解专业？（可多选：　　）

A. 父母　　　　　　　B. 老师　　　　　　　C. 朋友

D. 电视或报纸　　　　E. 自己上网搜集

F. 其他（请注明）

（3）你选择专业时主要考虑的因素是什么？（可多选：　　）

A. 父母或他人的建议　B. 就业前景　　　　　C. 自身兴趣

D. 对口高考　　　　　E. 其他（请注明）

（4）你有想过未来会就读哪个专业吗？（　　）

A. 有　　　　　　　　B. 没有　　　　　　　C. 根本没有想过

（5）你对自己现在学习状况的评价是什么？（　　）

A. 满意　　　　　　　B. 较满意　　　　　　C. 一般

D. 不太满意　　　　　E. 不满意

F. 如果不满意，请注明原因

（6）对于将来报考的专业，你会从哪些信息来源中选择？（　　）

A. 父母或师长　　　　　　B. 网络或新闻媒体

C. 朋友或同学　　　　　　D. 凭自己的感觉

（7）你现在最喜欢的科目是哪些？（　　）

A. 数学物理和化学　　　B. 语文　　　　C. 历史　　　　D. 地理

E. 生物　　　　　　　　F. 政治　　　　G. 英语

（8）如何你喜欢编程，那你知道你将来学习的专业是什么吗？（　　）

A. 计算机信息管理　　　　B. 计算机编程

C. 经济学　　　　　　　　D. 机械工程设计

（9）如果你有喜欢的专业，你认为学校有开设这类专业的课程吗？（　　）

A. 无所谓　　　　　　　　B. 有，而且很多

C. 有，但很少　　　　　　D. 没有

（10）你了解专业的人才培养标准吗？（　　）

A. 很了解　　　　　　　　B. 只了解专业课程标准

C. 都不了解　　　　　　　D. 无所谓

（11）你认为我们专业培养出的学生能否满足社会对人才的需求？（　　）

A. 能　　　　　　　　B. 一般　　　　　　　　C. 不能

（12）你认为选择专业重要，还是职业重要？（　　）

A. 专业　　　　　　　B. 职业　　　　　　　　C. 两者同样重要

### 生涯名词

专业

专业是指高等和中等专业教育培养学生的各个专门领域，高等学校和中等专业学校根据社会分工需要而划分的学业门类，是大中专院校为了满足社会分工的需要而进行的活动。从大中专教育的角度来看，专业是为学科承担人才培

养职能而设置的；从社会的角度来看，专业是为了满足从事某类或某种社会职业的人才需求，而必须接受相应的训练需要而设置的。因此，从人才培养供给与人才培养需求上看，专业是人才培养供给与需求的一个结合点。

**专业的门类**

根据高等教育工作的基本指导性文件《普通高等学校本科专业目录（2012年）》大学共有13个学科门类，92个专业大类，506个专业。13个学科门类是：哲学、经济学、法学、教育学、文学、历史学、理学、工学、农学、医学、管理学、艺术学、军事学。

1. 了解专业的培养目标

每个专业都有自己的培养目标，而且每个专业的培养目标不尽相同。专业的培养目标和课程设置的研究是教学中的重要研究领域。

例如，会计学专业的培养目标是培养具备管理、经济、法律和会计学等方面的知识和能力，能在企事业单位及政府部门从事会计实务以及教学、科研方面工作的工商管理学科高级专门人才。

再如，新闻学专业的培养目标是：培养德、智、体全面发展，面向现代化、面向社会、面向世界、面向未来，具有现代新闻传播专业能力和媒介经营管理知识与实际能力，熟悉党和国家的新闻传播政策和纪律，党性原则强、业务水平高，具有国际新闻传播竞争能力的专门人才。

不同专业的培养目标，有着不同的研究领域。从专业的培养目标中我们大致能了解专业的培养方向，培养的人才素质。

2. 了解专业的课程设置

高等学校采取什么样的组织方式，才能更好更高效地传承知识、培养人才，是"专业"问题的实质。很多专业仅凭名称是无法了解它的真实情况的，理工科尤其如此。一般情况下，很多人是根据自己的主观猜测或社会的普遍看法来认识一个专业的，这样容易造成错误的理解。

有一个考生高考报考时本想填报"园林"专业，却因一字之差误填报为"园艺"专业，之后他的学习方向就完全改变了。因为园林专业需要学习的是生物学、林学、建筑学、设计艺术学学科的基本理论、基本知识；掌握风景名胜区规划、森林公园规划、城市绿地系统规划、各类园林绿地规划设计、园林植物栽培、养护管理的技术等，是培养园林设计师的专业。园林设计师的工作是用植物来营造怡人的空间，创造四时有景的美好环境。而园艺专业是学果树、蔬菜、花卉及观赏树木的栽培与繁育技术的专业。本专业培养的是园艺师。园艺师的工作主要是园艺作物的生产、栽培等。

这两种专业从字面上看，只有一字之差，而今后学习的专业课程、内容、就业方向相差却是很大的。如果该考生当初知道了这两个专业的课程设置，就不会有这样错误的判断了。考生在报考时应该了解专业的具体课程设置，这样才能根据自己的学习兴趣、学习成绩来确定专业。每个学校的课程设置几乎都可以在学校的教务处网站上查到。

应该注意的是，不要以为只要专业名称相同，学制和所学课程等在所有的学校就都一样。例如，临床医学专业，北京协和医学院是八年制本硕博连读，毕业后拿到的是博士学位；而首都医科大学的临床医学专业是五年制本科，毕业后拿到的是学士学位。在不同的大学读相同的专业，所需要的学习时间不同，毕业后得到的学位也不一样。

而且，同一个名称的专业，在各个学校的学习侧重点也是不一样的。这和学校的本身特色、办学实力水平、师资力量、设施配备、国家补贴等有关。拿法学举例（图7-1）。

3. 了解专业的排名

每个学校都有自己的优势学科，即使是知名的学校，也不一定是所有专业都在全国领先。专业和学校的排名，对于本专业就业的学生来说尤为重要，以大气科学专业为例，排名第一的是南京大学，之后依次是北京大学、南京信息

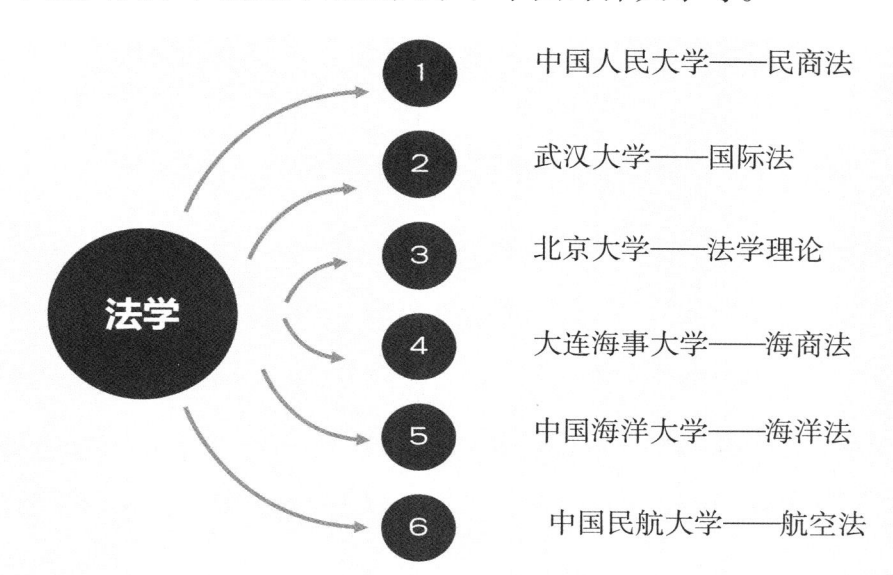

工程大学、兰州大学、解放军理工大学、中国海洋大学等。

- 1　中国人民大学——民商法
- 2　武汉大学——国际法
- 3　北京大学——法学理论
- 4　大连海事大学——海商法
- 5　中国海洋大学——海洋法
- 6　中国民航大学——航空法

图7-1

**4. 了解专业的就业方向**

学生应该考虑清楚自己毕业后的职业定位，然后根据这个职业定位选择适合自己的专业。比如，如果毕业后想进银行、证券公司之类的金融中介机构，报考时就可以选择金融学或财会类的专业。

很多专业会分化出很多个职业方向，但最适合本专业的职业方向其实只有一两种。了解该专业的就业方向，可以在报考时提前做好心理准备。选好了职业方向并了解了相关的专业知识，毕业后才能够在职业发展道路上走得更从容。

**5. 了解专业的就业现状**

用人单位在招聘时通常是根据岗位的具体情况，确定招聘人员的学历层次、毕业学校层次、适合该岗位的专业范围等。毕业生就业情况是社会对各个专业的人才需求的直接体现，比较受社会关注。目前，很多高校都发布了毕业生就业质量年度报告，向社会公布了本校毕业生的就业情况。这其中，就有各个专业毕业生的就业率。参考这些报告并以此选择专业不失为一个好的选择。

专业如此之多，从中选择适合自己就读的专业对于考生来讲是非常重要的，所以，要正确认识和了解专业。

# 第2节　初中学科与成绩等级划分标准

初中学科：语文、数学、英语、物理、化学、政治、历史等科目。

初中成绩等级划分标准为十个等级，划分方式为：A级（95~100分）、B级（90~94分）、C级（85~89分）、D级（80~84分）、E级（75~79分）、F级（70~74分）、G级（60~69分）、H级（50~59分）、I级（40~49分）、J级（39分以下）。

两颗星的划分方式为：卷面成绩超过100分的，超过1~5分的记一颗星，呈现为A（100~105分）；超过6~10分的记两颗星，呈现为A（106~110分）。

总成绩等级分由不同科目的等级分相加得到。确定各科目等级分的具体方法为：语文、数学、英语，A为13分、B为12分、C为10分、D为9分、E为8分、F为7分、G为5分、H为4分、I为3分、J为2分。

# 第3节　新高考对初中生的影响

1.高考改革

新高考改革明确规定：高中将不再分文理科，高考总成绩改由两部分组成。

一部分是全国统一高考的语文、数学、外语三个科目，每科目成绩150分的分值不变，其中外语科目提供两次考试机会可选其一计入总分。

另一部分是高中学业水平考试，包括思想政治、历史、地理、物理、化学、生物等14个科目，每科都要学完去考，不必重新再考。考生在报考时，只需根据报考高校提前发布的招生报考要求和自身情况，从思想政治、历史、地理、物理、化学、生物六科中自主选择三个科目的成绩计入高考总分。

2.新高考与初中生的关系

新高考所选的学科考试虽然在高三，但是学生在高一入学时就必须有明确的目标进行选科。所以，初中生必须早做准备，从初一开始规划选考科目，逐步找到自己的优势学科。了解就业和大学相关信息，了解自身的特点，全面提升学习能力，以扎实的基础面对一切挑战。

## 第4节　了解大学

**生涯困惑**

小英是一个有梦想的人，从小学习成绩一直不错。上初中后，她就立志要考上大学，听老师与家人说过清华大学、北京大学……后来还听说了很多大学的名字，于是她在想，她到底应该选择哪一所大学呢？哪所大学才是最适合自己的呢？选择大学都要考虑哪些因素呢？

**点评**：初中生对大学的概念可能还很模糊，有的同学认为大学离自己还很遥远，甚至有的家长认为，初中阶段就开始考虑上哪一所大学似乎为时过早，这个问题你是怎样看的呢？

事实上，随着职业教育的改革，从初三开始，同学们就要做好自己未来的职业规划。中考后，继续上高中还是上职中，到底选择哪一条赛道呢？上高中意味着将来必须参加高考进入自己心仪的大学；如果选择上职中，毕业后可以选择就业，但也要面对是否上大学继续提升自己的问题。所以说，初中生对选择大学的考虑宜早不宜迟，早一点了解大学，了解大学的专业，为未来的职业选择做好准备。那你了解大学吗？你知道有哪些大学？怎样选择自己心目中的理想大学?

### 生涯测试

大学知多少问卷调查

请根据你对大学的了解,结合自己的感受,如实、客观地完成以下各题。

1. 你知道什么是"985""211"大学吗?(　　)

   A. 很了解　　　　　B. 比较了解　　　　　C. 不了解

2. 你认为,上大学的目的是(　　)。

   A. 提升自己　　　B. 为了将来好找工作　　C. 为了完成父母的愿望

   D. 随大流　　　　E. 其他(请注明)

3. 在选择大学时,你最关心的是(　　)。

   A. 师资力量　　　B. 就业　　　　　　　C. 收费

   D. 学术环境　　　E. 地理位置　　　　　F. 其他

4. 你主要通过什么途径来了解大学?(可多选:　　)

   A. 父母　　　　B. 老师　　　C. 朋友　　　D. 电视或报纸

   E. 自己上网搜集　　F. 亲自到大学去参观　　G. 其他(请注明)

5. 你认为上大学的主要任务是什么?(可多选:　　)

   A. 增长见识　　　　B. 学习专业技能

   C. 学习人际交往　　D. 提高认知能力

6. 你知道中国排名前十的大学是哪些吗?(　　)

   A. 知道　　　　　　B. 不完全知道　　　　C. 不知道

7. 你对各高校排名榜的各项评价指标了解吗?(　　)

   A. 非常了解　　　　B. 了解一点　　　　　C. 一点不了解

8. 你对现在盛行的"大学无用论"持什么意见?(　　)

   A. 很认同　　　　　B. 比较认同

C. 不太认同　　　　D. 坚决否定

9. 大学排名对你报考升学有影响吗？（　　　）

A. 很大　　　　　B. 有点　　　　　C. 没有

10. 你了解的大学有哪些？

## 生涯名词

"985"和"211"

985 是"985 工程"的简称，211 是"211 工程"的简称，二者都是高等学校建设工程，有效推动了我国高等教育整体水平的提升。

1998 年 5 月 4 日，江泽民同志在庆祝北京大学建校 100 周年大会上表示，为了实现现代化，中国要有若干具有世界先进水平的一流大学。教育部决定重点支持北京大学、清华大学等部分高等学校创建世界一流大学和高水平大学。把这个工程命名为"985 工程"是根据江泽民同志在北京大学 100 周年校庆讲话的时间——1998 年 5 月确定的。"985 工程"于 1998 年启动，支持 39 所高校结合国家创新体系进行重点建设。

"211 工程"就是面向 21 世纪国家重点建设 100 所左右的高等学校和一批重点学科的建设工程。1995 年经国务院批准后正式启动，是中华人民共和国建立以来由国家立项的、在高等教育领域进行的规模最大、层次最高的重点建设工作，是中国政府实施科教兴国战略的重大举措，是高等教育事业的系统改革工程。"211 工程"于 1993 年启动，先后共有 112 所高校纳入建设范围，全部高校均属全国普通高等学校。

据统计，截至 2011 年，有 39 所高校进入"985 工程"，112 所高校进入"211 工程"。此后，这两项工程均不再新增学校加入。

"985""211"大学王牌专业汇总（表 7-1）。

第一档

清华大学、北京大学。

六名校：复旦大学、中国人民大学、浙江大学、中国科学技术大学、上海交通大学、南京大学。

第二档

理工类：同济大学、哈尔滨工业大学、西安交通大学、北京航空航天大学、天津大学、华中科技大学、东南大学。

综合类：南开大学、中山大学、武汉大学、厦门大学。

专属类：北京师范大学、国防科技大学。

第三档

综合类：吉林大学、四川大学、湖南大学、山东大学。

理工类：中南大学、华南理工大学、北京理工大学、大连理工大学、西北工业大学、重庆大学、电子科技大学。

第四档

综合类：兰州大学、东北大学。

专属类：华东师范大学、中国农业大学、中国海洋大学、西北农林科技大学、中央民族大学。

表7-1

| 排名类别 | 大学 | 突出专业 | 王牌专业代表 |
| --- | --- | --- | --- |
| 一档"985"名校 | 清华大学 | 工学第一名，管理学第一名，中国工学老大，实力超群，名副其实 | 经济与金融、土木工程、建筑学、电子信息科学类、工程力学（钱学森力学班）、水利水电工程、临床医学 |
| | 北京大学 | 理学、医学、哲学、经济学、文学、历史学都是第一名，法学第二名，稳坐综合类大学第一名的位置 | 经济学类、法学、生物科学、元培实验班 |

续表

| 排名类别 | 大学 | 突出专业 | 王牌专业代表 |
|---|---|---|---|
| 一档"985"名校 | 复旦大学 | 医学第二名，文学第二名，历史学、管理学、哲学、理学、经济学实力超群，被称为南方小北大，是综合性大学的第二名 | 理科最好专业：数学、物理、化学、电子信息工程、计算机软件、生命科学、医学等；<br>文科最好专业：经济学、公共管理、法学、哲学、新闻传播、文学、历史学、英语翻译、工商管理等 |
| | 中国人民大学 | 中国人民大学培养的毕业生集中在政界、社会科学界和商界等领域，科研成果也集中在人文社会科学领域。中国人民大学是法学第一名，经济学第二名，哲学、文学、管理学、历史学的实力超群 | 金融学 |
| | 浙江大学 | 浙江大学是工学第二名，在工学、管理学、理学、医学、文学的实力超群。浙江大学素称南方小清华 | 科实验班（信息）、工科实验班（工学）、理科实验班 |
| | 上海交通大学 | 上海交通大学是工学第三名，机械、电气、航海类实力强大。后来与上海农学院、上海第二医科大学合并，成为与浙江大学在工科相抗衡的强大对手 | 土木工程建筑类、机械类、电气信息类、信息安全 |
| | 中国科学技术大学 | 理学第三名，典型的高、精、尖的精品大学，学风正，最有资格成为中国的世界一流大学 | 数学类、物理学类、化学类 |
| | 南京大学 | 理学第二名、文学第三名，理科实力强 | 理学类、化学类、数学类、天文类 |
| 二档"985"（理工类） | 同济大学 | 土木工程第一名，建筑学第二名，城市规划独步天下 | 同济大学的三大王牌专业分数很高 |
| | 哈尔滨工业大学 | 工学第四名，航空航天领域的强校，其他的学科也都不错 | 飞行器设计与工程、建筑学、土木工程 |
| | 西安交通大学 | 工商管理第一名，电气工程第二名，机械工程第三名，管理、机械、电气、通信类实力强大 | 电气工程与自动化、自动化、机械设计制造及其自动化、能源动力系统及其自动化 |

续表

| 排名类别 | 大学 | 突出专业 | 王牌专业代表 |
| --- | --- | --- | --- |
| 二档"985"（理工类） | 北京航空航天大学 | 航空、航天实力强大，力学，计算机也很强，名声在外，是航空航天类大学的领头羊 | 飞行器设计与工程 |
| | 天津大学 | 工学实力排全国第五位，实力比名声强 | 建筑学、土木工程、化学工程与工艺 |
| | 华中科技大学 | 机械、电器类实力很强，光电也相当不错，合并后规模超大，合并来的同济医科大学也很强 | 机械设计制造及其自动化、电气工程及其自动化、光信息科学与技术 |
| | 东南大学 | 东南大学在工科方面是江苏第一，在华东地区也是名震四方 | 建筑学、土木工程、电子科学与技术 |
| 二档"985"（综合类） | 南开大学 | 在20世纪80年代，北大、清华、复旦、南开为大学四强 | 金融工程、会计学、数学类、化学类 |
| | 中山大学 | 哲学、中文、生物强，中山医学也很出名，岭院、管院、国际商学院在华南超强 | 临床医学、管理学、国际商学 |
| | 武汉大学 | 文科、理科都不错，但都不拔尖，并校后规模超大，是百年老校，校园环境非常好 | 金融学、法学、新闻学，以及水利类，测绘类 |
| | 厦门大学 | 会计学全国第一，经济金融理论化学很强大，超牛，是全国最美的校园 | 会计学、金融学、经济学、财政学 |
| 二档"985"（专属类） | 北京师范大学 | 国内师范大学第一名，现在已经发展为一所综合性大学，心理学、教育学、中国语言文学全国第一名，学科精度很高，文、理学科实力很不错 | 心理学 |
| | 国防科技大学 | 神秘的哈军工的衣钵传人，计算机超强 | 计算机科学与技术、通信工程 |

续表

| 排名类别 | 大学 | 突出专业 | 王牌专业代表 |
|---|---|---|---|
| 三档（综合类） | 吉林大学 | 学科建设发展平稳，特色不明显。又地处北疆，生源一般。吉林大学的规模是全国第二大，仅次于四川大学 | 车辆工程 |
| | 四川大学 | 西南地区最好的大学，特色不太明显，靠庞大的"综合性"支撑门面招牌。地处西南内陆，生源一般 | 口腔医学、临床医学 |
| | 湖南大学 | 以土木工程著名，与同济大学、清华大学并称为中国土木学科中的"三驾马车" | 理科最好的专业：机械工程、土木工程、化学、环境工程等；文科最好的专业：国际贸易学等；王牌专业：土木工程、车辆工程 |
| | 山东大学 | 在校生人数排在全国第三位，无明显特色，靠庞大的"综合性"支撑门面招牌 | 理科最好的专业：数学、材料工程、物理、机械制造、控制工程、医学等；文科最好的专业：经济学、文学、历史学等 |

**九校联盟（C9 League）**

九校联盟（C9 League），简称C9，由北京大学、清华大学、复旦大学、上海交通大学、南京大学、浙江大学、中国科学技术大学、哈尔滨工业大学、西安交通大学共9所大学组成。C9大学基本上代表了中国最顶尖的一批大学，而且这9所大学都是国家首批985重点建设的一流大学。

九校联盟形式类似于美国常春藤联盟，旨在人才培养、科学研究等领域加强合作与交流，优势互补，被国际上称为"中国常春藤联盟"。

C9大学排名情况

第1至第2名：清华大学、北京大学基本是没有争议的，一般认为清华大学理科实力更强，北京大学文科实力更强。

第3至第7名：复旦大学、上海交通大学、浙江大学、中国科学技术大学、南京大学，就是通常人们说的华东五校，实力也是相当强。

第 8 至第 9 名：哈尔滨工业大学、西安交通大学，由于这两所学校地理位置没有位于北京、上海、广东、浙江等地区具有优势，录取分数线稍微偏低些。

**华东五校**

华东五校是指复旦大学、上海交通大学、南京大学、浙江大学、中国科学技术大学，一般被认为是中国大陆高校中实力仅次于北京大学和清华大学，与中国科学院大学实力相近的学校。华东五校中，复旦大学、上海交通大学位于上海，南京大学、浙江大学、中国科学技术大学分别位于江苏、浙江、安徽，华东五校也是首批"211 工程"和"985 工程"重点建设高校，同时还是国家首批"双一流"大学 A 类建设高校。

**思考以下问题**

（1）我未来的目标是选择哪所大学？理由是什么？

_____

_____

（2）你选择的大学属于哪个类型？它有哪些优势专业？

_____

_____

（3）如果要实现你的大学梦，从现在开始你要做哪些努力？请列出你的目标计划。

_____

_____

## 生涯体验

（1）分小组讨论，分享自己所了解的大学信息。

（2）小组汇总，并制作思维导图，尽量分门别类。

（3）各小组在全班分享，以导图的形式展现。

## 第二章　职业探索，放眼看世界

正确的角色定位需要理智，及时的角色转换需要智慧。

——题记

## 第1节　了解职业

**生涯困惑**

小波一直有个梦想，想成为一名航空飞行人员。但是大家都觉得他不太合适，因为从事这个职业的要求特别高，比如，对身高、体能等都要经过很严格的选拔。可是，小波觉得这些都不重要，他认为只要自己开心就行。

**讨论**

（1）你们认为小波的想法正确吗？

（2）想一想，做一名合格的飞行员需要哪些条件？

（3）从事飞行员这个职业，要选择哪个专业？哪所大学？

**点评**：这个世界上有很多职业，你未来想从事什么职业？不同的职业分工都有着不同的专业背景，不同的职业领域也有着不同的能力特长要求，如何做好职业选择是我们每个人职业生涯中最关键一步。

职业选择除了与我们选择的专业有关，还与我们个人的能力、性格、兴趣、天赋及价值观有关。初中生正处于生理与智力发育的黄金时期，好奇心、求知欲等都大大增加。这一阶段是我们职业生涯的可塑时期，我们有足够的时间去全面地了解自我，认识职业，做好自己的职业规划，学会职业决策。在成长的过程中，我们还可以根据自己感兴趣的职业目标，从知识、技能和综合素质方面锻炼自己的职业竞争力，为未来的人生做好准备。

## 生涯测试

职业问卷调查

请按照自己的实际情况回答以下各题，题目选项无对错之分。

（1）你是否有职业目标？（　　　）

A. 有　　　　　　　B. 没有　　　　　　C. 时有时无

（2）你觉得职业规划对你重要吗？（　　　）

A. 重要　　　　　B. 一般　　　　　C. 不重要　　　　　D. 不清楚

（3）你想从事的职业是什么？

_____

（4）你从什么时候开始，想过自己未来做什么？（　　　）

A. 从小形成　　　　B. 现在　　　　　C. 还没有形成

（5）你是否想过自己适合从事什么职业？（　　　）

A. 有　　　　　　　B. 时有时无　　　　C. 没有

（6）你选择的职业标准是什么？（可多选：　　　）

A. 该职业发展前景好　　　　B. 该职业收入稳定、高

C. 该职业与自己所学专业对口　　D. 父母意见

E. 目前该职业很热门　　　　F. 其他

（7）你了解你理想中的职业要求吗？（　　　）

A. 非常了解　　　　　　　　B. 了解

C. 不太了解　　　　　　　　D. 不了解

（8）你认为工作最重要的是什么？（可多选：　　　）

A. 专业知识　　　　　　　　B. 能力

C. 人际关系　　　　　　　　D. 工作经验

（9）你对自己的学业发展要求是什么？（　　　）

A. 职校　　　　　　　　　　B. 大学

C. 硕士　　　　　　　　　　D. 先工作以后再说

（10）你认为促使自己设定职业的因素有哪些？（可多选：　　　）

A. 个人的兴趣和爱好　　　　B. 家庭环境

C. 个人发展前景　　　　　　D. 专业因素

E. 亲朋好友的经历　　　　　F. 对社会、国家的贡献

（11）你认为自己的现状和自己的职业有差距吗？（　　　）

A. 有　　　　　　　　　　　B. 没有

（12）你认为现实生活中阻碍自己选择职业的最大因素是什么？（　　　）

A. 家庭经济　　　　　　　　B. 个人能力

C. 社会条件　　　　　　　　D. 其他因素

（13）为了自己的职业，你认为应该如何提高就业能力？（可多选：　　　）

A. 提高专业技能　　　　　　B. 积极参加社会实践，积累经验

C. 多了解与职业相关的信息　D. 提高自身的综合素质

E. 多关注理想职业的相关动态

（14）你有没有为自己的理想职业付出努力？（　　　）

A. 有　　　　　　　　　　　B. 没有

（15）你的职业目标是什么？（　　　）

A. 成为技术专家　　　　　　B. 自主创业

C. 继承家业　　　　　　　　D. 成为优秀的管理者

E. 普通职员

## 生涯名词

职业

职业是个人所从事的服务于社会并作为主要生活来源的工作，是参与社会分工，利用专门的知识和技能，为社会创造物质财富和精神财富，获取合理报酬，作为物质生活来源，并满足精神需求的工作。

职业特性包括职业的社会属性、职业的规范性、职业的功利性以及职业的技术性与时代性。

### 职业分类

职业分类是以工作性质的同一性为基本原则，对社会职业进行的系统划分与归类。所谓工作性质，即一种职业区别于另一种职业的根本属性，一般通过职业活动的对象、从业方式等的不同予以体现。

根据2023年国家统计局《国民经济行业分类》（GB/T 4754—2017），国民经济行业分为三大产业：分类采用经济活动的同质性原则划分，每一个行业类别按照同一种经济活动的性质划分。分类共分为门类、大类、中类和小类四个层次，共包含门类20个，大类97个，中类473个和小类1382个。

每个类别都按层次编制了代码。门类用1个英文大写字母表示（如A、B、C）；大类用2位阿拉伯数字表示，中类用3位阿拉伯数字表示，第3位为中类的本体码；小类用4位阿拉伯数字表示，前3位为中类代码，第4位为小类的本体码（表7-2）。

表7-2

| 代码 | | | | 类别名称 |
| --- | --- | --- | --- | --- |
| 门类 | 大类 | 中类 | 小类 | |
| A | | | | 农、林、牧、渔业 |
| | 01 | | | 农业 |
| | | 011 | | 谷物种植 |

续表

| 门类 | 代码 |  |  | 类别名称 |
|---|---|---|---|---|
|  | 大类 | 中类 | 小类 |  |
| A |  |  | 0111 | 稻谷种植 |
|  |  |  | 0112 | 小麦种植 |
|  |  |  | 0113 | 玉米种植 |
|  |  |  | 0119 | 其他谷物种植 |
|  |  |  | …… | …… |
| B |  |  |  | 采矿业 |
| C |  |  |  | 制造业 |
| D |  |  |  | 电力、热力、燃气及水产与供应业 |
| E |  |  |  | 建筑业 |
| F |  |  |  | 批发与零售业 |
| G |  |  |  | 交通运输、仓储与邮政业 |
| H |  |  |  | 住宿与餐饮业 |
| I |  |  |  | 信息传输、软件与信息技术服务业 |
| J |  |  |  | 金融业 |
| K |  |  |  | 房地产业 |
| L |  |  |  | 租赁与商务服务业 |
| M |  |  |  | 科学研究与技术服务业 |
| N |  |  |  | 水利、环境与公共设施管理业 |
| O |  |  |  | 居民服务、修理与其他服务业 |
| P |  |  |  | 教育 |
| Q |  |  |  | 卫生与社会工作 |
| R |  |  |  | 文化、体育与娱乐业 |
| S |  |  |  | 公共管理、社会保障与社会组织 |
| T |  |  |  | 国际组织 |

说明：随着社会经济的发展，行业分类也在不断更新和变化，上述信息仅供参考，具体内容请以国家统计局官方发布为准。

## 了解职业信息

我们在选择职业时要多了解不同的职业信息，包括职业要求、发展前景、工作内容、工作环境等。了解职业信息可以帮助我们做出更明智的职业决策。

1. 职业要求

要了解职业的属性，专业知识、技能、工作能力及相关的工作经验，有哪些特别的要求，职业是否与兴趣、专业能力相匹配，是否可以胜任这个职业。

2. 职业的工作内容

要了解职业的工作时间、强度、标准、职责、环境、服务对象及具体的工作细则。

3. 职业前景

职业的发展在未来是否有发展前景，这是我们选择职业最重要的评估因素之一。了解该职业在现实中所处的位置，去衡量与评估这个职业的生命周期及未来发展方向。职业的生命周期有短期、中期、长期，了解职业的生命期，有助于我们做好自己的职业规划。

4. 职业的薪资水平

薪资水平包括福利待遇、个人晋升的机会、成长计划等，这些都是体现个人自我价值的标准，是从事职业稳定的基本保障。

5. 关联职业

了解与选择职业相关领域的情况，可以更深层次地了解职业领域的发展趋势，更好地了解职业之间的异同，未来在职业发展中拓宽个人职业规划的视野。

了解职业是为了更好地选择与自己适配的职业，而职业选择是我们职业生涯中面临的重大选择之一，决定我们未来事业发展的方向。通过认清自己的职业优劣势，了解职业信息和市场需求，制订具体的职业发展计划，实现自己的职业目标和梦想，为自己和社会创造更多的价值。

错误的职业选择会对你的职业生涯造成不利影响，甚至会妨碍我们事业成功。因此，对于职业我们必须心存敬畏、尊重，职业选择必须慎之又慎。

## 第2节 专业与职业的关系

专业与职业之间互相包容，在职业中有各专业对应的岗位，在专业中学习的知识也能为对应的职业提供专业知识。如果职业要求在个人所学的专业领域中，专业与职业是对应的，那么所学的专业知识往往能够对未来的工作有一定的帮助。

（1）专业包容职业。在这种情况下，个人的职业发展一直在所学专业的领域内，选择的职业与学习的专业相吻合，能够做到学以致用。

（2）专业是核心，职业包容专业。指以专业为核心发展职业，个人的职业发展以所学专业为核心，向外扩展。这种情况下，选择的职业与学习的专业虽然方向一致，但职业发展超出所学专业领域，需要根据自己的职业规划，在学好专业的基础上，通过选修、自学提高自己所从事职业的素质。

专业和职业的区别：

（1）专业区别于一般职业，在于它非同寻常的深奥知识和复杂技能。

（2）掌握专业知识技能需要接受长时间的专业化训练，一般以是否接受过高等教育为标志，而职业技能主要是通过个人体验与经验总结获得。

（3）专业活动与职业活动相比，要更多地提供一种独特、明确、必要的社会服务与奉献，而普通职业的从业人员仅仅把工作当作一种谋生的手段。

（4）职业活动更多地体现出工匠式的特点，一旦掌握，即可不断重复，而专业活动的一个重要特点就在于需要不断进修，并做出创新。

## 第3节　生涯家谱

> **生涯体验**

家族职业大搜查

了解职业，可以从身边最熟悉的人开始。我们询问家人，绘制家族职业树图（图7-2）。

你知道家族成员都从事哪些工作吗？如果不了解职业，问一问这个职业具体的工作内容是什么？你对他们的工作有什么看法？

图7-2

回答以下问题并与大家分享。

（1）你的家族成员中从事最多的职业是什么？你想过从事这种职业吗？为什么？

（2）你的父母是如何形容他们的职业的？他们的想法对你有影响吗？

（3）家族成员中谁的职业对你影响最大，为什么？

（4）家族期望你从事的职业是什么？为什么？

## 生涯工具

### 生涯家谱图

生涯家谱是用来搜集家族成员三代之间的经纬结构以及互动关系的一种分析工具，透过家谱，可以从当事人的位置透视其个人行为或问题与原生家族之间的深度关联，分析家族职业与个人职业生涯的相互影响。

**绘制生涯家谱图的要求**

（1）画出自己的父母。圆圈代表女性，正方形代表男性。在图形的下方标明父母的姓名与工作职业，然后在图形上方标示出生年月日。

（2）画出自己这一代，包括兄弟姐妹。同样的，图形上方是出生年月日，下方是名字与工作职业。

（3）用同样的方法向上画出祖父母那一代。如果人已经过世，在图形中用X标示，同时在出生年月日的下方标出过世的时间。

（4）将家族旁支的其他成员，如姑嫂等绘入。

**讨论**

（1）在家谱图中，哪些职业是重复出现的？

（2）你对其中的哪些职业有兴趣？对哪些职业比较了解？

（3）哪些职业是你绝对不考虑的？哪些职业是你有所考虑的？选择职业时，你还会考虑哪些因素？

## 第4节　我的职业体验：工作影子

### 生涯体验

"工作影子"指的是选择某个有经验的人，观察他们的日常工作、接受他们的指导，并学习他们的思维方式。在他们的帮助下，我们可以更好地理解他们的职业方向与发展，帮助我们了解职业，提高个人成就和职业规划，并学习如何处理未来的挑战。同时，在明确自己的职业的基础上，还能够进一步确定自己的专业与大学的选择。

在"工作影子"体验过程中，我们可以轻松地了解不同的工作，并帮助我们确定最喜欢的职业。例如，我们可以跟随医生在医院巡视，观察老师指导课程，与建筑师一起查看建筑计划等，具体取决于我们跟随的"影子"。

我们可以参考以下问题，在"工作影子"体验过程中，对感兴趣的工作人员进行访谈。

---

**工作影子访谈记录**

名称：
日期：
雇主姓名：
业务类型：
在你的工作影子任务期间要问的问题：
（1）您的职业名称是什么？
（2）您的工作职责是什么？
（3）您为什么选择这个职业？
（4）您需要什么类型的教育或培训来得到这项工作？
（5）您喜欢大学吗？您去过哪儿？您需要上什么课？

---

（6）您喜欢自己的职业或工作的哪些方面？以及您不喜欢哪些方面？
（7）请描述您工作中的典型日或周。工作时间是几点？
（8）您是如何从雇主那里得到工作的？
（9）如果您重新开始，您会选择同样的职业吗？
（10）您对可能对此职业感兴趣的人有什么建议？

## 生涯行动

### 初中生的另类职业体验

在家长或老师的协助下，我们体验一次"工作影子"感受一次另类职业，并填写"工作影子"记录表7-3。

表7-3

| 姓名 | |
| --- | --- |
| 体验时间 | |
| "工作影子"的姓名 | |
| "工作影子"的职业名称 | |
| 我的工作职责 | |
| 我每天的工作时间 | |
| 我选择这个职业的理由 | |
| 我需要什么类型的教育或培训才能从事这份工作 | |
| 我喜欢这份职业的哪些方面 | |
| 我不喜欢这份职业的哪些方面 | |
| 如果让我重新选择，我会不会另选一份职业 | |
| "工作影子"对我未来职业的建议是什么 | |

## 生涯训练一

### 异想天开

随着科技的进步，各行业会有哪些变化？会出现哪些新兴职业？或者现在的职业有哪些新变化？小组成员合作，开动脑力，共同完成。

**活动步骤：**（1）各小组选择一种职业，讨论该职业未来发展的可能性（如新能源产业、人工智能等）。

（2）各小组分享。

## 生涯体验二

### 职业表演

**活动步骤：**（1）小组抽签进行表演。表演的角色名称如飞行员、客服前台、医生、收银员等。可以从中选其一表演。

（2）各小组准备五分钟之后，通过肢体动作让同学们猜一猜你所表演的是什么职业。

（3）小组分享该职业所需要的条件及职业特点。

# 第八篇　生涯素养与抉择

　　生涯素养是指人生活中必须遵守的行为准则，是一个人未来事业成败的关键因素，也是自我价值的体现，包含道德、技能、行为、作风和职业意识等方面。提升生涯素养的关键是拓展认知的框架与空间。生涯素养在职场上体现的是职业素养，在生活中体现的是个人素质或道德修养。

　　生涯决策是生涯规划中的前导部分，决策可行性与否，直接决定着职业生涯规划是否能实现。要获得最理想的职业发展目标，就需要认真地对自己进行全面剖析，知道自己希望得到什么，在这个社会里能够获得什么。只有了解自己，才能制定出最合适的决策目标。

# 第一章 生涯素养：做真实快乐的自己

智力比知识重要，素质比智力重要，觉悟比素质更重要。

——题记

## 第1节 生活能力训练

### 生涯困惑

小峰是由爷爷奶奶一手带大的。由于父母外出深圳打工，生活上的大小事务全部由爷爷奶奶包办。上初中了，父母觉得小峰已经长大了，应当有独立生活的能力，爸爸妈妈决定这个暑假让他到深圳来。但是由于父母工作比较忙，没能抽时间回老家接小峰来深圳。于是，父母决定让小峰自己来深圳。

假期结束后，父母就将所有的安排与小峰说清楚了，让他做一个来深圳的计划，并且跟爷爷奶奶约定好，这次所有的安排他们不要插手，由小峰独立来完成。小峰按照爸妈的安排，第一次学会了上网购票，查找相关的出行资讯，还学着准备行李……在出发的前一天晚上，他自己折腾了一个晚上，行李却没能收拾好，主要是他不知道如何收拾，整理起来没有头绪，他自己也感觉特别无奈……

**点评**：拥有独立的生活能力是现代高素质人才不可缺少的基本技能。在生活中缺乏自我生活能力的人，往往在遇到问题时，就会觉得束手无策，有时还会感到恐惧与畏缩。如果一个人无法解决基本生活、生存问题，而是要依赖他人来帮助与照顾，那么他的内心就会存在不安与担心，这也会影响他自信心的建立。

由此可见，培养一个人的生活能力是我们适应未来生活的又一门必修课。所以，我们要培养自己的自理能力，养成生活自理的习惯，保持积极、乐观、自信的心态，最大限度地激发自己的潜能，去实现我们的人生目标。对于初中生而言，我们强调自己的事自己做，培养良好的自理能力，为将来面对生活保持积极、自信、乐观心态，更从容地迎接各种挑战。

### 生涯测试

#### 生活能力问卷调查

请根据你的实际情况，在下面的各题中选择最符合自己的答案并打"√"，每个问题只能选一个答案。

（1）你认为做家务对自己将来有帮助吗？（　　）

A. 有　　　　　　B. 没有　　　　　　C. 有一点，但是作用不大

（2）通常是什么情况才会主动去做家务？（　　）

A. 父母长辈要求　　B. 自愿去做　　　　C. 做家务可以得到回报

（3）父母不在家时，你是怎样解决吃饭问题的？（　　）

A. 自己做　　　　　B. 吃零食　　　　　C. 找外卖小哥

（4）你的房间平时是谁来整理？（　　）

A. 父母　　　　　　B. 自己　　　　　　C. 保姆

（5）做完家务，你有向父母要钱吗？（　　）

A. 有　　　　　　　B. 有时会　　　　　C. 没有

（6）在学校里，你有协助过同学完成教室的清洁工作吗？（　　）

A. 有　　　　　　　B. 有时会　　　　　C. 没有

（7）你认为生活能力强弱对将来有影响吗？（　　　）

A. 很大　　　　　　B. 不大

C. 不用刻意培养，有钱就行

（8）你认为自己生活能力强的原因是什么？（　　　）

A. 学校教育　　　　B. 父母培养　　　　C. 自己喜欢

（9）你认为自己生活能力弱的原因是什么？（　　　）

A. 学习负担重　　　B. 家长溺爱　　　　C. 自己懒惰

（10）培养一个人的生活能力，你认为应从什么时候开始？（　　　）

A. 长大后　　　　　B. 现在开始　　　　C. 无所谓

## 生涯名词

生活能力

生活能力是指人在生活中自己照料自己的行为能力，是我们适应社会生存的基本能力。一个人的生活能力包括很多方面。不仅包括学习与生活习惯养成、管家理财、运动休闲、饮食健康、处理学习与工作、家庭关系与同伴关系的能力，还包括面对生活困境等有效地处理日常生活中各种需要和挑战的能力。只有具备良好的生活能力，才能在与社会、环境及人际交往的关系中表现出适应的、积极的行为。生活能力看似与学习能力没有直接联系，但实际上却有很多关联，因为这些看似与学习无关的能力迁移和应用到学习中，转化为学习能力，让我们在生活中拥有自理与适应生存环境的综合能力。

**初中生应具备的生活能力**

进入初中阶段意味着告别小学时代，踏上全新的学习阶段。与小学不同，初中生需要面对更多的挑战，在学习和生活方面要做出很多的改变，才能在初中三年的成长中少走弯路，在中考的激烈竞争中取得胜利。因此，初中生应该重视培养以下的能力。

1. 日常生活能力

日常生活中，我们学着洗衣服、做饭、打扫自己的房间，可以培养我们的动手能力和生活能力。生活能力是每一位优秀初中生都必备的素质之一，也是将来走向社会必备的能力之一。

虽然刚开始进入初中生活会感到不适应，有些事情做得慢些，甚至做不好，但是，通过做这些事，我们能从中体会到父母的不容易，会让他们明白我们已经长大了，自己的事情要自己做，更会懂得应该照顾父母，所以，我们试着自己的事情自己做。当我们真正具备了生活能力，我们会变得积极、负责任，更重要的是面对问题我们不再逃避，而是主动地去解决它。

2. 健康管理的能力

学会合理饮食，包括均衡饮食、避免暴饮暴食等。只有掌握了合理饮食的能力，才能更好地保持健康。另外，适当运动、心理平衡、规律生活、懂得休息是健康的基石。从现在开始，从自己开始，养成健康的生活方式。

3. 外出学习的能力

如何根据自己的兴趣与喜好选择课外学习班，或者利用身边的学习资源来帮助提高或巩固自己学习的成果，这也是我们要掌握的一种生活能力。

4. 应急处理能力

应急处理能力是指面对突如其来的各种紧急情形，在思想上毫无准备情况下反映出来的能力。如心跳呼吸骤停、受伤、失火时的一些简单的自救、互救能力。自救、互救能力是生活能力中重要的能力之一。

5. 使用网络的能力

网络是青少年广泛使用的新媒体，是我们学习、生活、娱乐、认识社会、参与社会的重要途径，已经成为我们成长的重要环境。网络在促进我们成长中发挥了重要作用，初中生要正确使用和有效利用网络的知识、能力、意识和行为观念，包括相关知识技能、使用网络时所持的态度、道德取向、价值观念和行为准则等，还应该学会编程，包括学习编程语言、编写程序等。只有掌握了编程的能力，才能更好地适应信息化时代的发展。

6. 管理时间的能力

因为初中的科目要比小学时多，知识的难度也有大幅度的提高，所以，初中生要学会做计划，学会利用时间，树立日事日毕的理念，今天的事情今天必须完成，才能尽快适应初中的学习生活。

7. 保管财物的能力

我们在养成良好的学习、生活习惯的同时，保管好物品的能力是我们必备的。一个能分门别类地管理好自己物品的人，那他一定是一个学习认真、办事有条理的学生，其学业成绩也会很优秀。提高物品保管能力，首先要提升物品管理的意识，老师、家长平时要善于抓住一切契机做好督促、提醒工作，并在日常做好行为示范。

## 生涯训练一

### 家务劳动能力

分配好家务劳动，制订家务劳动值日表8-1。做饭、烧菜、洗衣服、洗碗、打扫卫生，合理安排好家庭值日，在每日完成的劳动项目上面打"√"，并开展家务劳动的评价。

表8-1

| 劳动 | 周一 | 周二 | 周三 | 周四 | 周五 | 周六 | 周日 | 备注 |
|---|---|---|---|---|---|---|---|---|
| 扫地 | | | | | | | | |
| 拖地 | | | | | | | | |
| 洗碗 | | | | | | | | |
| 倒垃圾 | | | | | | | | |
| 洗衣服 | | | | | | | | |
| 收衣服 | | | | | | | | |
| 擦桌子 | | | | | | | | |

## 生涯训练二

### 自控力训练

给自己制订一个玩手机游戏的时间周报（表8-2），玩 1 小时就停止，如果超过 5 分钟，下一天扣 20 分钟；如果超过 10 分钟，下一天扣 40 分钟；如果超过 30 分钟，取消一天玩手机游戏的时间。每玩一次手机游戏，在表格上面详细地记录玩游戏的起止时间，并计算每天玩手机的时间总数，每周对自己玩手机游戏的时间做一个总结。

表8-2

|  | 周一 | 周二 | 周三 | 周四 | 周五 | 周六 | 周日 |
| --- | --- | --- | --- | --- | --- | --- | --- |
| 1 | 9：00—10：00 | | | | | | |
| 2 | 13：00—15：00 | | | | | | |
| 3 | 19：00—21：00 | | | | | | |
| 4 | | | | | | | |
| 5 | | | | | | | |
| 总结 | 5小时 | | | | | | |

# 第2节 生理与心理健康

## 生涯困惑

小阮不听父母的劝阻，每天放学回家后就沉迷于网络游戏，一边玩游戏，一边喝冷饮、吃零食。连续几天，每天只睡几个小时，在参加期末体育长跑考试时，他跑了一会儿，突然脸色发青，全身乏力。一边捂着肚子跑，一边吐出白沫，一头摔倒在地上，把在场老师与同学都吓坏了。老师立即将他急速送往校医室，校医诊断为急性肠胃炎，送往当地人民医院救治……

**点评**：我们常说，身体是革命的本钱。我们只有拥有健康的生活方式，才会有健康的身体，才会体验到生活的幸福。健康生活是有益于健康的习惯化的行为方式，具体表现为生活有规律，没有不良嗜好，讲究个人环境和饮食卫生。我们不健康的生活方式，主要是指不良的饮食习惯、不规律的作息、缺乏体育锻炼和科学用脑、精神紧张和消极情绪，通宵在家里或网吧玩电子游戏等。

健康的生活不仅指身体的健康，还离不开心理的健康。学会健康地生活，也是生活的一项必备的生存技能。初中阶段我们正处于长身体的时候，养成健康的生活习惯，自觉远离不良习性的干扰和诱惑，学会珍惜保护自己身体，是我们完成学业的基本保障。同时，形成良好作息、饮食习惯，科学的生活方式，健康的心理状态是个人未来发展的前提和保证。只有身心健康，我们才能以最好的状态投入学习和生活中，才会更好地体会到生活的快乐。

## 生涯测试

心理健康问卷调查

根据以下题目的内容，是你经常这样想或这样做的，打"√"，偶尔做的，打"△"，几乎或完全没有的，打"×"。

（1）平时不知为什么总觉得心慌意乱，坐立不安，上课难以集中注意力。（　　）

（2）一遇到考试，即使有准备也紧张焦虑。（　　）

（3）上床后，怎么也睡不着，即使睡着也经常醒，醒后很难再入睡。（　　）

（4）经常做噩梦，惊恐不安，早晨醒来就感到倦怠无力、焦虑烦躁。（　　）

（5）遇到不称心的事情便较长时间地沉默少言。（　　）

（6）哪怕是一件小事情，也总是很放不开，整日思索。（　　）

（7）感到现实生活中没有什么事情能引起自己的兴趣，郁郁寡欢。（　　）

（8）自己瞧不起自己，觉得别人总在嘲笑自己。（　　）

（9）感到很多事情不称心，无端发火。（　　）

（10）经常与人争吵发火，过后又后悔不已。（　　）

（11）发现别人在窃窃私语，便怀疑是在背后议论自己。（　　）

（12）对待小动物想要捉弄或是弄死。（　　）

（13）经常怀疑自己接触的东西不干净，反复洗手或换衣服，是一个清洁极端主义者。（　　）

（14）盯着一个物体会反复思考直到头昏脑涨，手心发汗。（　　）

（15）经常追悔自己做过的事情，有负疚感。（　　）

（16）担心是否锁门和东西忘记拿，反复检查，经常睡下了躺在床上又起来确认，或刚一出门又返回检查。（　　）

（17）有依赖止痛药或镇静药物的习惯。（　　）

（18）经常有离家出走或脱离集体的想法。（　　）

（19）站在沟边、楼顶、阳台上，有摇摇晃晃要掉下去的感觉。（　　）

（20）感到内心痛苦无法解脱，只能自伤或想要自杀。（　　）

**计分及测评结果**

"√"得2分，"△"得1分，"×"得0分。

0~4分，心理非常健康，请你放心。

5~16分，大致属于健康范围，但应有所注意，可以找老师同学聊聊。

17~30分，你在心理方面有了一些障碍，应该采取适当方法进行调适，或找心理辅导老师帮助。

31~40分，黄牌警告，你可能患了某些心理疾病，应找专科医生进行心理检查。

## 生涯名词

健康与心理健康

1. 健康

世界卫生组织成立时把健康定义为"健康是指身体上、精神上和社会适应方面的一种完好状态，而不仅仅是没有疾病或虚弱现象而已"。1989年世界卫生组织再次把健康概念的内涵深化，指出健康应包括躯体健康、心理健康、社会适应良好、道德健康。

现代人的健康标志：良好的自我意识（能否较全面、客观地了解自己的心理，知道自己的价值）；能接受自己的长处、短处，客观了解与评价自己；愉快地与人相处（能否洞察别人的心理活动，懂得与他人和谐相处）；有自己的生活目标，对未来不惧怕。

2. 心理健康

心理健康指的是人主动积极适应环境、与环境保持平衡的一种心理状态和心理机能。

世界卫生组织的七条标准：智力正常；善于协调与控制情绪，心境良好；有较强的意志品质；人际关系和谐；能主动地适应和改善现实环境；保持人格完整和健康；心理、行为符合年龄特征。

我国教育部《关于加强中小学心理健康教育的若干意见》指出：中小学开展心理健康教育，是学生自身健康成长的需要，也是社会发展对人的素质要求的需要；是素质教育的重要组成部分，也是培养跨世纪高质量人才的重要环节。

### 初中生的生理特点

初中生大多数进入了青春期，生理特点主要是身体增长速度加快、生殖系统逐渐发育成熟。青春期一般是指从儿童到成年人的变化时期，大多在10~20岁，在这个阶段中会在多个方面发生变化。

1. 身高体重迅速增加

在青春期阶段，人体的肌肉、脏器组织及骨骼等器官组织系统都在加速生长，人体的体格、体态都可能会发生比较大的改变。主要原因是神经系统调节内分泌，分泌大量的生长激素，促使骨骼尤其是下肢骨细胞分裂生长速度加快，同时骨骼、肌肉、内心排血量、脏器官的重量增加，身高体重迅速增加。

2. 肺活量、脑容量增大

进入青春期，脑的内部结构和功能不断分化、发展和完善；因心肌增厚，每搏输出量增多，血压明显升高；呼吸功能加强，肺活量显著增大。

3. 生殖系统逐渐发育成熟

青春期阶段，人体的生殖器官开始慢慢发育至成熟。由于性器官分泌的性激素原因，男性出现遗精，女性出现月经，同时也开始慢慢出现乳腺发育、声音变化等第二性征的表现。男性喉结突起，嗓音变粗，发音低沉，声带长而宽，出现小胡须、阴毛、腋毛。女性嗓音高而尖，声带比男性长，乳腺发育，骨盆宽大，臂部增宽变圆。

青春期是生理发育突飞猛进的阶段，是性成熟期，是决定一生的体质、心理和智力发育的关键时期。对于身体上的变化，我们不要过于担心与恐慌，在思想上要充分准备迎接人生的这个重要时期的到来。

### 初中生的心理变化

在青春期阶段，随着身体形态的改变，心理方面也会有较大的改变。部分人会出现自我独立性，以及较强的自我意识，还有日益增加的个人情感需求等心理行为变化。

1. 对父母

追求独立，自我意识高涨。青春期是人类自我意识飞速发展的第二个关键期，我们开始出现强烈的自我意识，开始要求独立、获得尊重、反对权威、追求自由等。

2. 对异性

反感或有好感，性心理开始成熟。随着青春期第二性征的快速发展，青春期的性心理开始发展并开始走向成熟。这个时期的我们从对性的朦胧欲望，到开始渴望与异性交往，同时存在对异性交往既好奇又惊惧、既渴望又羞怯等矛盾心理。

3. 对社会

充满好奇心。青春期的我们思维更加独立、有创造性，有独立见解。知识和视野相比以前较开阔，更加向往外面的世界，对世界充满好奇心。

青春期是较为特殊的时期，人体不仅会有身体形态上的巨大改变，心理方面的改变也需要重视。老师和家长应积极引导和教育，使他们的身心都能够健康发育，有健全的人格，平稳地度过青春期。

**进入青春期的行为表现**

1. 讲究打扮，留意谁在看自己

青春期的孩子是迫切需要确认自我的形象，这里说的自我形象并不是说外在的形象，而是他的内在形象。他们希望自己是独特的、有个性的、独一无二的。

2. 喜欢看描写爱情的电影和小说

随着性心理的发育，他们开始对两性情感世界充满好奇与幻想。并通过言情小说、电影等来了解不同的情感故事，理解爱情的含义与意义，同时满足自己的好奇心和探索欲。

3. 爱看高年级男生打球

青春期的女生爱看男生打球，这是一种正确的性别认知能力。一般来说，打篮球的男生比较高大，会比较讨女生喜欢，他们投篮、灌篮的动作很帅，容易吸引女生注意。篮球场地比较小，她们还可以近距离捕捉到观察目标。

4. 喜欢上网和陌生人聊天

网络世界可以美化包装自己，把自己想象成美好的样子，可以满足自己的自恋，弥补自己的不足。在网络世界中找寻成就感，获得自主感、自由感。如果现实生活中欠缺，就有可能去网络世界中寻找。

5. 喜欢向异性朋友发短信

青春期是懵懂的时期，这个时期他（她）们对感情还有社会的新东西都比较好奇，总会受新人新事物的诱惑，这个时期不要强制性地制约他们。

6. 有打不完的电话

青春期的孩子正在经历身心上的变化，他们需要更多的独立和自主。手机是他们与外界交流的主要媒介之一，可以给他们带来一种独立感和自主感，让他们感觉更加成熟。此外，手机也是他们与朋友交流的主要工具，通过用手机打通话，来传递他们的友情，加深情感的链接，更好地满足他们人际交往的需求。

7. 在特别的日子喜欢给人送礼物

青春期的孩子，在特别的日子里喜欢送人礼物，这是"成人感"的表现之一。他们喜欢分享，喜欢取悦他人或让人更关注自己，这也是他们在处理人际交往关系的一种方式。

8. 爱把抽屉和日记加锁

进入青春期，生理上会出现一种"闭锁心理"，开始有了自己的小"秘密"，不想把什么都告诉父母，这是青春期的"隐私"。隐私应该被尊重，如果没有体验过被尊重的感觉，他们就不懂得尊重别人，这在青少年时期是很正常的现象，也是成长的一个重要标志。

**初中生确保心理健康的方法**

心理健康是健康生活方式的重要组成部分。正确的心理认知可以促进心理健康发展，也可为身体健康助力。对于初中学生来说，确保心理健康应当注意以下三个方面。

1. 保持积极乐观的生活和学习态度

对于生活中的挑战和困难，我们可以用一种积极乐观的态度来应对。这种态度可以让我们更有动力和信心去探索、学习和进步。当我们拥有这种积极乐观的生活态度时，我们不会被困难和挫折击垮，反而会更加坚强和勇敢。我们会相信自己的能力和潜力，不断尝试和创新，迎接生活的挑战和机遇。

2. 多与朋友、同学沟通交流

在遇到问题时，可以与身边的同学或朋友进行沟通，相互间交流彼此的心理感受，相互鼓励支持，得到彼此的认可与尊重。

3. 选择恰当的解压方式

无论是在学习中还是在生活中，都需要我们注意劳逸结合。我们的学习压力很大，尤其是初三学生，面临升中考，常常在座位上一坐就是一整天，缺乏运动，缺乏睡眠，所以在下课之后最好出去走走，放松一下自己，这样会让我们感觉轻松一些，更容易保持积极乐观的心态。在周末或者节假日的时候，可以听听音乐，出去看看风景；小长假的时候可以与家人或朋友去观赏大自然，让身心得到放松，这样有利于我们保持乐观积极的心态。

### 生涯训练一

**制作自己的健康日志卡**

请你按照自己的喜好和习惯制作属于你的健康日志卡（表8-3），以此监督自己的生活，并不断地完善和充实这张卡片的内容。

表8-3

| 内容 | 目标 | 完成情况 | | | | | | | 总评 |
|---|---|---|---|---|---|---|---|---|---|
| | | 周一 | 周二 | 周三 | 周四 | 周五 | 周六 | 周日 | |
| 运动 | 每天跳绳200个 | | | | | | | | |
| 作息 | 23：00前睡觉不熬夜 | | | | | | | | |
| 卫生 | | | | | | | | | |
| 饮食 | | | | | | | | | |

### 生涯训练二

你决定如何合理安排自己的生活

（1）你决定这个学期改变的一个生活方式或习惯是：_____

_____

（2）改变之后的做法是：_____

（3）它会给你的生活带来的好处是：_____

# 第3节　管理闲暇

### 生涯困惑

小伟是个"手机控"，上初中后，因为学业增多了，玩手机的时间明显少了。因为平时周一到周五都住校，有老师监管不方便玩手机。可是周末回到家后，他感觉自己就无法控制自己对手机的"迷恋"了，整天抱着手机，在游戏、电影上寻找乐趣，也因为这样经常不能完成老师布置的作业，甚至还经常受到父母的责备。尽管知道这样的行为不对，但是他却无法控制自己，面对玩手机的问题，也不知道如何办。为此他非常苦恼……

**请思考以下几个问题**

（1）你曾经有类似的烦恼吗？

（2）对于小伟的烦恼，你有什么好的建议？

（3）有的同学说，周六日就是休息放松的时间，没必要管理。你怎么看？

**点评**：对于学生来说，节假日及假期都是闲暇时间，大部分的时间都是在你的周末、寒暑假以及法定的节日，这些美好的时光，除去吃饭、睡觉、完成作业的时间，剩下的就是你的闲暇时间。如何合理支配自己的闲暇时间，其实也是一种自我管理的能力，而这些都是我们初中学生要培养的能力。管理好自己的闲暇时间，有益于我们身心健康的发展。合理安排我们的学习与生活，对养成良好的生活习惯有很大的帮助。

## 生涯名词

### 闲暇

闲暇，不受任何义务或强迫限制，完全属于自己的时间。对我们来说，闲暇是指扣除上课时间、作业时间、睡眠时间之外剩余的时间。

对社会而言，闲暇可以创造科学、艺术；对个人而言，闲暇可使人的个性得到全面发展，进行文化享受和创造生活，得到娱乐和休息。闲暇时间的有效利用决定着你的人生高度。

## 生涯探索

### 我的闲暇时间

画出你最近一周的闲暇时间是如何安排的，并列出百分比和活动项目的名称。

**讨论**

（1）你对自己的闲暇时间安排满意吗？

（2）你完成了制订的计划吗？

图 8-1 中哪些是闲暇时可以做的事情？

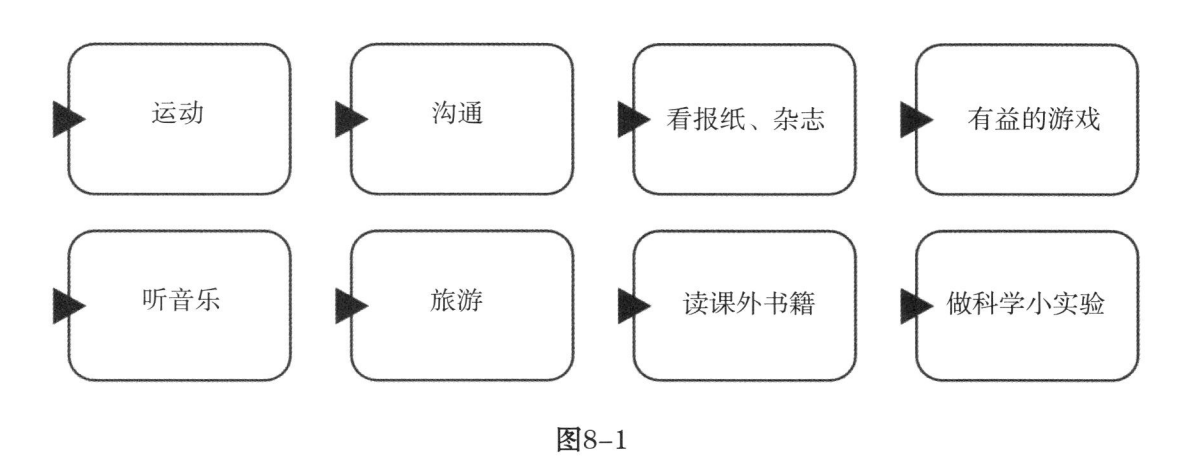

运动　沟通　看报纸、杂志　有益的游戏

听音乐　旅游　读课外书籍　做科学小实验

图8-1

**讨论**

（1）在以上可以做的事情中，你已经做到哪几项？

（2）你还可以改进哪些内容？

**合理利用闲暇时间的方法**

1. 合理安排课余时间

对自己在近期内的活动有一个理智的分析，做出合理的时间安排，制订一个明确的目标，并在执行计划中不断地修正和完善。时间安排得越科学，可供我们支配的时间就越多，我们就有更多的时间去学习、去做自己想做的事。合理安排时间不仅能节约时间，更有助于提高效率。

2. 制订一份休闲计划

最好能专门制订一份休闲计划，对一些较重大的节假日和休闲项目做出妥当的安排，这样能使你的休闲和学习有条不紊地交叉进行，使身心得到放松和调适。而且，你一旦制订出了既愉快又切实可行的休闲计划，那么在这一时间尚未到来之前，你的心情会是愉快而充实的，能精神振奋地投入学习和生活中。

**3. 留出足够的时间进行体育锻炼**

根据自己的身心状况与客观条件制订一份体育锻炼计划，强身健体，让自己拥有一个健康强壮的身体。

**4. 善于利用课余时间**

要善于利用课余时间开展一些有意义的文娱活动，尽量培养自己的特长与兴趣爱好。这样可以使你的生活充满乐趣，心情得到放松，也可以扩大你的交际圈，扩充你的人脉资源，提高人际交往能力。

**5. 多读课外书**

利用课余时间阅读一些自己喜欢的书籍、报刊。这样可以获取知识、增长智慧、丰富自己的人生阅历、增加自己的知识积累、有助于提升学业成绩，可谓一举多得，对个人的身心健康发展非常有利。

**6. 参加勤工俭学和志愿服务工作**

可以拓展自身的知识面，扩大与社会的接触面，积累个人在社会竞争中的经验，锻炼和提高自己的能力，为以后走入社会做好准备。

**7. 参加校内外的社团活动**

休闲活动与社交相结合，增强团队协作和人际关系，扩大个人的社交圈子，不断调整优化。

总之，休闲活动计划的制订需要根据个人情况和需求，结合时间、资源、兴趣爱好等因素，合理安排并与社交相融合，不断优化计划，享受更加丰富、有意义的生活。

## 生涯体验一

为自己制订周末计划

为自己设计一个充实而美好的周末计划，找到一位信任的人帮助监督，帮助自己完成计划（表8-4）。

表8-4

| 时间 | 活动内容 | 所属类别（ABCD） |
|---|---|---|
| 周六上午 | | |
| 周六下午 | | |
| 周六晚上 | | |
| 周日上午 | | |
| 周日下午 | | |
| 周日晚上 | | |

A（代表喜欢而且有意义的事）　B（代表喜欢却意义不大的事）
C（代表不喜欢却很有意义的事）D（代表不喜欢而且意义不大的事）

**生涯体验二**

调整自己的闲暇生活

1.在一周内尝试调整你的闲暇生活中的一项"喜欢却意义不大的事"，例如控制玩手机的时间、玩游戏的时间，并制订相应的目标与实施步骤，在一周后对这次改变进行自我评价。

2. 利用闲暇时间，选择一项"你喜欢而且很有意义的事"并制订相应的目标与实施步骤，两周后分享你完成这件事的收获。

## 第4节　学会理财

### 生涯困惑

小珍家庭的经济条件一般。她有个不好的习惯，就是不太会理财，平时生活开销大手大脚的，买东西从来不计算成本，只要看上的东西，不问价格，每次买完后又后悔。特别是对每个月父母给她的零花钱，从来不做开支计划，有时父母月初给的零花钱，不到几天就花完了。如果下半月再要零花钱，又感觉不知道怎样开口向父母要。她知道父母挣钱不容易，有时也觉得这样做太对不起父母了，为此事，她感到很不开心，但是又不知道如何管理好自己的零花钱。

**点评**：平时花钱大手大脚，不计成本，总是入不敷出等现象是不懂理财的表现。学会理财是现代人的重要素养。你未来的生活与职业发展都会受到这种素养的影响。理财能力是一个人得以生存的不可缺少的一部分，也是素质教育不可忽视的一项重要内容。而要培养和锻炼这种能力,中学是理财观念的形成和定型时期,因此,我们更应当注重培养理财意识,合理正确地理财可以给我们的生活带来保障。

所以,初中生要树立正确的金钱观,提高理财意识,学会理性消费,培养勤俭节约的好习惯,有助于我们提升社会适应能力和生存能力。通过理财方面的学习,我们可以懂得合理使用分配钱财,锻炼独立生活的能力,对金钱的认识更加理性,对金钱的态度更加客观,能够增强对家庭和社会的责任感。

## 生涯测试

### 理财情况问卷调查

请根据你的实际情况,在下面各题选项中选择最符合自己的答案。

(1)你的零花钱一般来自哪里?(　　)

A. 压岁钱　　　　B. 各种红包　　　　C. 父母给的

D. 自己赚的　　　E. 其他

(2)你每年收到的压岁钱及红包有多少?(　　)

A. 3000 元以下　　B. 3000~5000 元

C. 5001~10000 元　D. 10000 元以上

(3)每年红包管理方式是什么?(　　)

A. 父母管理　　　B. 自己管理

(4)零花钱领取频率是什么?(　　)

A. 每天　　　　B. 每周　　　　C. 每月　　　　D. 每年

(5)平均每月零花钱总数是多少?(　　)

A. 100 元以下　　B. 100~200 元　　C. 201~500 元　　D. 500 元以上

(6)平均每月剩余零花钱(　　)

A. 0 元　　　　B. 50 元以下　　C. 50~100 元

D.101~200元　　　　　E.200元以上

（7）剩余的零用钱，你一般会放到哪里？（　　　）

A.储钱罐　　　　B.父母保存　　　　C.银行或余额宝　　　D.其他投资方式

（8）你理财的主要目的是什么？（　　　）

A.保值　　　　　B.增值　　　　　C.其他

（9）你的理财方式是什么？（可多选：　　　）

A.存款　　　　　B.股票投资　　　　C.债券投资　　　　D.基金投资

E.邮票投资　　　F.艺术品投资　　　G.其他

（10）你更多的会关注增加收入来源还是节省支出？（　　　）

A.增加收入　　　B.减少支出

（11）当有一个虽然很赚钱，但有风险的理财方式，你会尝试吗？（　　　）

A.会　　　　　　B.不会

（12）如果你存的钱贬值了，你怎么办？（　　　）

A.在自己承受范围内，下次有合适机会，还会继续投资

B.觉得很可惜，下次基本不想做投资

C.下次会谨慎投资

## 生涯名词

### 理财与财商

1. 理财

理财是对财富的经营，是一门如何赚钱、管钱、用钱的学问，它是一种财务管理技巧，同时又是使投资收益达到最大化所采取的方法和手段，是一种生财之道。通过理财可以让自己的经济或财务状况处于最佳的状态。

2. 财商

财商是指理财的能力，即个人在生活中训练或发展起来的合理、科学使用

资金和管理财务，实现开源节流、积累财富的能力和意识。有人将智商、情商、财商并列为现代人生活幸福和事业成功的三大必备能力。

**理财与节俭**

理财最简单的办法是开源节流。开源就是要增加收入，节流就是要花钱有节制。对于我们来说，理财最主要的方式是节流。有句话说，富翁源于截留，很多富翁身上都保留着节俭的品质，纵使拥有巨额财富，也不会铺张浪费、挥霍无度。节俭并不意味着吝啬，是人对于金钱和金钱的价值有了更深的领悟，使他们更能够主动地承担社会责任，用创造的财富回报社会，赋予人生意义。

**青少年理财规划**

随着人们生活水平的提高，现在青少年请客送礼"恋名牌"、花钱不眨眼的现象越来越严重，我们应该关注培养孩子的理财观。可以说，有什么样的理财观，就有什么样的消费行为。近年来，青少年群体当中出现的如攀比消费、炫耀消费、超前消费、负债消费甚至低俗消费等不良消费行为成为社会关注的焦点，其不良消费行为的产生，与其缺乏正确的价值坐标、鲜明的价值立场不无关系，这就需要用正确的理财观进行引导和教育。

青少年消费者是指12~19岁年龄段的消费者，这个年龄段的人群无论从生理上还是心理上都处在从儿童走向成人的转型期。从生理上讲，青少年接近成年人，但其心理活动往往比成年人更为复杂。他们对未来世界充满幻想，追求浪漫时尚；他们追求自我，他们已有了强烈的成人意识，并开始用成人的眼光审视社会。青少年消费心理和消费行为的变化，既受社会因素和家庭因素的影响，又与学生个体差异有内在联系。青少年在消费观念、消费行为方面往往具有超现实性和不确定性。

青少年理财规划是指我们从父母那里领取零用钱，或者从其他的渠道获得金钱，如压岁钱、奖学金、勤工俭学等，根据自身的生活和学习需要制订的个人财务管理计划。

理财观问题的背后是价值观问题。孩子的心理成长和发育时期，是形成正确人格价值观、良好心理品质和道德水平的关键时期，这一时期家长、学校应重视在如何看待金钱、如何使用金钱的问题上给予孩子正确的引导，为孩子以后的健康成长打下基础。

**初中生理财方法**

初中是我们走向独立的一个阶段，而理财能力又是一个人独立的重要能力。所以，学会理财管理，对逻辑能力和自控能力的提升都有帮助。

1. 养成记账的习惯

初中生可以自己制订理财计划，培养记账习惯，把每一笔收入和支出都记录在一个小本子上，一段时间后，自己统计一下。

2. 通过零花钱培养理财意识

应当正确地使用零花钱，可以制订一个零花钱使用的小计划，列出哪些是必须买的，哪些是可买可不买的，怎样把省下来的钱用到最需要的地方，如给灾区捐款献爱心等。

3. 一定要学会储蓄

哪怕每天只储蓄1元，一年也能超过300元。这些钱不是用来吃东西的，而是用来应急的。比如发生一些意外时，可以用到它们。

4. 不要以谈论金钱为耻

不要以谈论金钱为耻。在现在这个社会环境中，我们每个人都会和钱打一辈子交道，既然躲不开，那就趁早学习一些关于管理金钱的知识，而且是越早越好。

5. 懂得珍惜和感恩

初中生想要理财并树立正确的金钱观，就要明白钱来之不易，是父母的劳动成果，不奢侈浪费，不盲目消费，不拜金不炫富不攀比，养成勤俭节约的好习惯。

### 6. 增强理财意识，学会理性消费

不能再做"糊涂派""疯狂派"，要做"理智派"，管理好自己的零花钱，花钱有计划有节制，不能只是任性地"买买买"。要每月制订预算，控制消费。

### 7. 向父母请教理财知识和技巧

初中生可以向父母请教理财知识和技巧，培养投资理财的意识与能力。我们可以和父母探讨花钱的一些学问，"当家才知柴米油盐贵"，父母这方面的经验比我们丰富多了。比如，购物怎样少花钱多办事，如何存款才能获得更多利息等。

**增加财富的方法**

下面分析表8-5中的方法，看看哪些可行，哪些不可行。此外，你还有其他方法拓宽财富的来源吗？

表8-5

| 方法 | 可行性分析 |
| --- | --- |
| 要钱：如跟父母或其他人多要一点 | |
| 赚钱：如收集废品、发表文章、勤工俭学 | |
| 投资：如购买理财产品或存银行收利息 | |

**家庭理财方法**

准备一个专门的记账本，记录全家每个月的收支情况，并予以评价。请在下面的任务栏中设计自己的家庭账本。

随着人们生活条件的改善，每年春节，孩子们压岁钱的数目也是越来越大。据有关数据显示，有不少孩子的压岁钱已经上千元甚至上万元。当我们面对压岁钱这样一笔不小的财富时，如果不懂得管理和正确使用，很容易沾染盲目消费、乱花钱等坏习惯。对此，不少家长希望对压岁钱能有一个合理的处置方式，同时可以帮助孩子从小养成理性的消费观念和理财意识，理性使用压岁钱，这会对他们提高自制力有很大帮助。

1. 建立账本

将每年压岁钱做好账本记录，做到每一笔支出都有明细。这样可以掌握自己的开支情况，培养正确消费习惯。记录自己的行为能够让人变得更加自律。

2. 开设账户

银行储蓄是最安全的理财方式，父母可以和孩子一起到银行开一个账户，并根据孩子开始需要用钱的时间等因素，来规划设定存款的期限。

3. 购买保险

压岁钱可以用来为孩子购买一份儿童保险，比如保障教育型的保险，包括意外、医疗、教育。

4. 投资基金

定投类，投资期限较长，年化收益一般在7%左右，长期投资可以享受复利带来的收益。父母选择这类理财方式，可以从孩子小的时候规划一直到大学，如此定能筹备一笔满足孩子未来需求的教育金。

5. 参与收藏

从理财学上说，收藏是一种投资行为，是指把富有保留价值的物品加以保存。比较常见的收藏项目有瓷器、字画、古书等，还有一些人热衷于邮票、钱币、国库券等收藏品。收藏是一种增长见识、陶冶情操的业余爱好，还能给收藏者带来经济效益。收藏除了可以用来欣赏之外，还是一种保值、增值的有效投资方式，投资回报率相对较高。做好合理的规划，也是理财的好办法之一。

6. 缴纳学费

提倡用我们的零花钱交学费，为自己的学习付费，为自己的人生负责。这不仅可以减轻家长的负担，还可以培养自己的独立精神和家庭责任感。

### 生涯训练一

养成记账的习惯

规划财富流向，晒晒账单，你有记账的习惯吗？有的话翻翻你的账本，没有的话，将一周内的花费尽量详细地列在清单中（表8-6）。

表8-6

| 时间 | 花费内容 | 花费金额 |
| --- | --- | --- |
|  |  |  |
|  |  |  |
|  |  |  |

### 生涯训练二

你对父母的生活消费与理财方式了解吗？

（1）利用课余时间对自己的家庭做个小调查，了解一个月的家庭收入，看看父母采取了哪些理财方式，收益情况如何？

（2）将一个月的家庭开支项目制作表格。了解在一个月的消费中哪些是可以控制的消费？

（3）如果由你负责家庭理财，你有什么好的方法？通过查阅相关资料，为你的家庭设计一个月的理财方案。

### 生涯训练三

制定好账单

你能结合自己的实际，规划一个月的月度账单吗？制订好账单后，请父母与同学监督。

_____年_____月账单

预计收入：_____元　　预计消费：_____元

其中：

1.

2.

3.

计划储蓄：_____元

　　　　　　　　　　　　　　　　　　签名：

　　　　　　　　　　　　　　　　　　监督人：

　　　　　　　　　　　　　　　　　　日期：

# 第二章 生涯抉择：放飞梦想

每个人的生涯都是一部抉择史！

——金树人

## 第1节 确定我的目标

### 生涯困惑

上初二的小刚，学习成绩在班上中等。面对即将到来的初三，他对升学存在焦虑情绪，父母想让他选择职业技术学校，去选择一门专业技能，将来可以养活自己；班主任建议他继续努力，考上好的高中，并争取考上理想的大学。为了这件事，他与父母在选择上产生了冲突，这让他对自己未来的人生规划比较迷茫，他感到很苦恼，但不知道如何选择，也不知道如何来实现自己设定的目标。

**点评：** 学生在知己知彼的基础上，综合思考分析，以便为人生发展做准备。生涯抉择是个人根据自身的各种条件，经过一系列活动以后确定目标，以及为实现目标而制订优选的个人行动方案。在人生旅途中，每个人都会面临生涯发展选择。

掌握生涯决策的方法，可以帮助我们看清自己的生涯发展方向，确立合理的学习目标，理性地制订生涯发展路径，做出适合自己的选择。

## 生涯测试

### 决策风格测试

请根据表 8-7 中的情景陈述如实填写,并在你认可的方框内打"√"。

表8-7

| 情景陈述 | 符合/不符合 | 类型 |
|---|---|---|
| 我经常仓促做草率的判断 | □ □ | ★ |
| 我做事情时不喜欢自己出主意 | □ □ | ● |
| 碰到难做的事情,我就把它放到一边 | □ □ | ▲ |
| 我会多方搜集决定所必需的一些个人及环境材料 | □ □ | ■ |
| 做事时我喜欢有人在身旁,以便随时商量 | □ □ | ● |
| 遇到需要做决定时,我就紧张不安 | □ □ | ▲ |
| 我会将搜集到的材料加以比较分析,列出选择的方案 | □ □ | ■ |
| 我经常改变我所做出的决定 | □ □ | ★ |
| 发现别人的看法与我的不同,我就不知该怎么办 | □ □ | ● |
| 我做事总是东想西想,下不了决心 | □ □ | ▲ |
| 我会权衡各项可选择方案的利弊得失,判断出此时此刻的最佳选择 | □ □ | ■ |
| 做决定之前,我从未做任何准备,也未分析可能的结果 | □ □ | ★ |
| 我很容易受别人意见的影响 | □ □ | ● |
| 我觉得做决定是一件痛苦的事情 | □ □ | ▲ |
| 我会参考其他人的意见,再斟酌自己的情况来做出最适合自己的决定 | □ □ | ■ |
| 在父母、师长或亲友催促做决定之前,我并不打算做任何决定 | □ □ | ● |
| 经过深思熟虑之后,我会明确决定一项最佳的方案 | □ □ | ■ |
| 我喜欢凭直觉做事 | □ □ | ★ |
| 我经常让父母、师长或亲友为我做决定 | □ □ | ● |
| 我处理事情经常犹豫不决 | □ □ | ▲ |
| 当已经决定了所选择的方案,我会展开必要的准备行动并全力以赴做好它 | □ □ | ■ |

计分方式：将同一类型的得分（符合的 1 分）记入下面的决策风格类型测试结果表，哪种类型得分最高，可能你就属于哪种决策风格类型。

决策风格类型测试见表 8-8。

表8-8

| 题号 | 1、5、9、13、17、21 | 2、6、10、14、18、22 | 3、7、11、15、19、23 | 4、8、12、16、20、24 |
|---|---|---|---|---|
| 得分 | | | | |
| 决策风格类型 | 直觉型 | 顺从型 | 犹豫型 | 逻辑型 |
| 分析 | 这种类型的人是以自己在特定情境中的感受或者情绪反应直接做出决定。这种类型的人做决定全凭感觉，易冲动，很少能系统地搜集相关信息，但他们能为自己的选择负责 | 这种类型的人经常等待或依赖他人为自己搜集信息且做决定，较为被动和顺从，十分关注他人的意见和期望从而做出选择 | 这种类型的人因为选择的项目太多，无法从中做出取舍，经常处于挣扎的状态，下不了决心 | 这种类型的人会合乎逻辑地系统搜集职业生涯相关信息，并分析各个选项的利弊得失，按部就班，以做出最佳的决定 |

## 生涯名词

### 生涯决策

生涯决策就是根据个人优势特质以及专业（职业）的要求，结合社会的发展趋势，选择和决定个人未来主要的生涯（专业/职业）发展方向。生涯决策不仅是一个选择行为，更是个体综合分析内外因素进行决策的过程。它是在掌握足够多的关于自我和职业信息的基础上，在多项选择之间权衡利弊，以达成最大价值。生涯决策的前提是自我探索和专业探索，不是一次定终身而不能调整的。生涯决策最重要的目的是培养当事人为自己生命决策的能力和责任心。生涯决策类型分为顺从型、逻辑型、直觉型、犹豫型。

## 目标抉择

人生目标规划的前提，是经过我们对自己的兴趣、能力、性格、价值观等方面的认识，再加上对外在世界的认识和了解，进而确定一个清晰的目标，才能朝着目标一步一步去努力达成。所谓目标抉择，就是在职业生涯路线上确定自己的目标。即多大年龄，实现什么目标，干成什么事，要清清楚楚地在生涯路线上标示出来。目标的确立是有科学性的，方法不对，目标就毫无价值。

人生确立一个什么样的生涯目标，要根据主客观条件来设计。每个人的条件不同，目标也不可能相同，但确定目标的方法是相同的。

哈佛大学有一个非常著名的关于目标对人生影响的跟踪调查。调查对象是一群智力、学历、环境等条件差不多的年轻人。调查结果发现，27%的人没有目标，60%的人目标模糊，10%的人有清晰但比较短期的目标，3%的人有清晰且长期的目标。

25年的跟踪研究结果显示，他们的状况及分布现象十分有意思。那些3%有清晰且长期目标的人，25年来他们朝着同一方向不懈地努力，几乎都成了各自领域的顶尖成功人士。他们中不乏白手起家的创业者、行业领袖、社会精英。

那些10%有清晰但比较短期的目标者，大都在社会的中上层。他们的共同特点是短期目标不断达成，状态稳步上升，成为各行各业不可或缺的专业人士，如医生、律师、工程师、高级主管等。

而那些占60%的模糊目标者，几乎都在社会的中下层，他们有安稳的工作，但都没有什么特别的成绩。剩下的27%是那些25年来都没有目标的人，他们很多都是失败者。

可见，人生在世，需要有一个目标。有了这个目标的指引，你就会感到肩上的责任，你就会有一种使命感，你就不会随意浪费每一分钟，你就不会无所事事。你的生活就一定是充实且富有成效的。

你能不能告诉我，你的目标是什么？

## 常见的生涯决策方法

1. 自然发生法

最常见的情形是：在填报志愿时，并未仔细思考自己的志向、兴趣，只要找到自己的分数所能录取的学校、科系，便草草填报。

2. 目前趋势法

跟随社会的趋势，盲目地投入新兴的热门行业。

3. 最少努力法

选择容易的科系或技术，但企求最好的结果。

4. 拜金主义法

选择待遇最好的行业。

5. 刻板印象法

以性格、年龄、社会地位等刻板印象来选择，例如女性较适合从事服务行业。

6. 橱窗游走法

到各种工作场所走马观花一番，再选择顺眼的工作。

7. 假手他人法。由他人代替自己决定和选择。这些人包括：

（1）父母或家人：因为过去细枝末节的事都是由他们决定的。

（2）朋友或同伴：因为他们是最好的朋友，不会害我的。

（3）老师或辅导员：因为他们是专家，应该有超人一等的见解。

（4）社会：因为自己是社会的一分子，必须履行公民的责任，造福社会。

**总结**：以上常见的生涯决策方法的优点是省时、省力，不用花费太多心神，在短期内的效率较好。缺点是无法根据个人的能力、性格做长远的规划。以自然发生法为例，进入分数能够录取的学校、科系，虽然暂时解决了烦恼，但是在完全没有考虑自己的志向、能力、个性及就业条件等因素下做出的选择，将来面对的生涯风险就比较高。因此，我们要掌握生涯选择的技能，正确地为自己找到适合的生涯路径。

## SWOT 分析法

美国哈佛大学商学院安德鲁斯教授于 1971 年提出的 SWOT 法，是一个重要的理性的职业决策方法。分析自身的优势、弱势、环境中面临的机会与威胁。SWOT 分析法是生涯决策中经常使用的分析工具：S 代表 strengths（优势）；W 代表 weakness（弱势）；O 代表 opportunities（机会）；T 代表 threats（威胁）（图 8-2）。通过系统分析，将各种因素相互匹配起来加以分析，得出相应的结论，并指导我们做出决策。

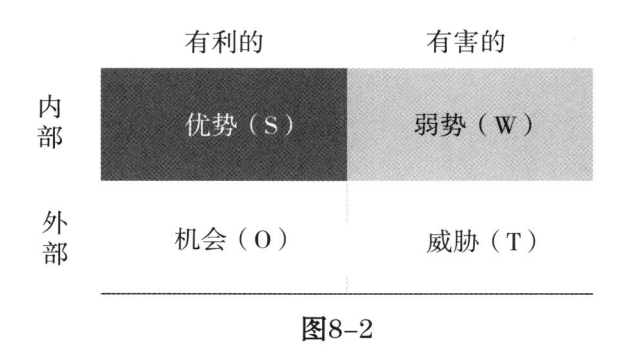

图 8-2

### 生涯训练一

**SWTO 自我分析训练步骤**

第一步：分组进行，每个小组选择一个议题，例如，我是选择上职校，还是继续上高中等。

第二步：针对每个小组的议题，用 SWTO 分析法帮助他分析利弊，并且说出理由，做出自己的决策。

第三步：小组分享。

如图 8-3 所示。

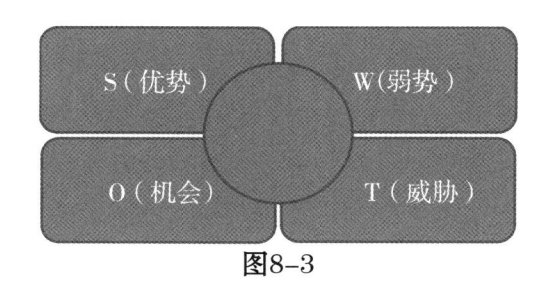

图 8-3

**总结**：SWOT分析法也是竞争分析常用的方法之一。一般来说，在进行SWOT分析时，应该遵循以下步骤。

第一步：定位，理解优势、弱势、机会和威胁因素分别是什么。

第二步：内部分析，分析自身内部环境的优势与弱势，分析得越充分越好。

第三步：外部分析，对自身所面临的外部环境的机会与威胁进行分析。

第四步：行动计划，根据分析结果制订适合自己的行动计划。

以张明同学选科为例。下面我们用SWOT分析法帮助张明分析选择"历史"科目的优势与挑战（表8-9）。

表8-9

| 内部环境因素 | 外部环境因素 |
| --- | --- |
| 优势因素（S）：<br>①语言能力较强<br>②对文科学习有浓厚的兴趣<br>③语文、英语、政治、历史成绩比较好<br>④积极并保持参加文学社团活动 | 机会因素（O）：<br>①自己所在班级是重点班<br>②父母都是文科出身，对自己学习发展会有所帮助 |
| 弱势因素（W）：<br>①理科逻辑思维很弱<br>②数学、地理成绩不理想 | 威胁因素（T）：<br>①学校重视理科教学，相对忽视文科教学<br>②文科学习未来可报考的专业有限 |

运用分析表分析后，我们就可以利用优势与机会弥补弱势，做出应对挑战的措施，如表8-10所示。

表8-10

| 外部环境 | 内部环境因素 ||
| --- | --- | --- |
| | 优势（S） | 弱势（W） |
| 机会（O） | ①努力学好优势科目，成绩稳步提高<br>②参与文学社团，坚持自己的兴趣和爱好<br>③向父母或其他人咨询文科学习的经验和策略，思考未来发展的方向<br>④借助优势，获得最大的资源和帮助 | ①努力提高数学、地理成绩，这两门学科直接影响成绩的排名<br>②多探讨请教学习数学、地理成绩的方法 |

续表

| 外部环境 | 内部环境因素 | |
|---|---|---|
| | 优势（S） | 弱势（W） |
| 威胁（T） | ①要保证在班级的排名，赢得学校和老师的重视与支持<br>②利用网络寻找相应的教学资源<br>③多与师生沟通，听取意见和建议 | ①利用学校优势的理科资源，提升数学、地理成绩<br>②在有限的专业中多了解，多探索，选择适合自己的专业 |

通过运用SWOT分析法对张明选历史科目进行分析，可使之更清楚自己的优势与弱势及其他外部因素对自己的影响，从而对自己的选科更加明确，努力方向也更清晰。大家可以根据自己的实际情况，尝试利用SWOT分析表对自己的优势与弱势、存在的机会与风险进行分析。

## 确定生涯发展目标

生涯目标是指个人在选定的职业领域内，在未来的时间点上所要达到的具体目标，包括短期目标、中期目标和长期目标。职业生涯规划的评估与反馈过程是个人对自己和社会的不断认识过程，是使职业生涯规划更加有效的有力手段。

生涯目标的确定包括人生目标、长期目标、中期目标与短期目标的确定，它们分别与人生规划、长期规划、中期规划和短期规划相对应。通常，我们首先要根据个人的专业、性格、气质和价值观以及社会的发展趋势确定自己的人生目标和长期目标，然后再把人生目标和长期目标进行分化，根据个人的经历和所处的环境制订相应的中期目标和短期目标（图8-4）。

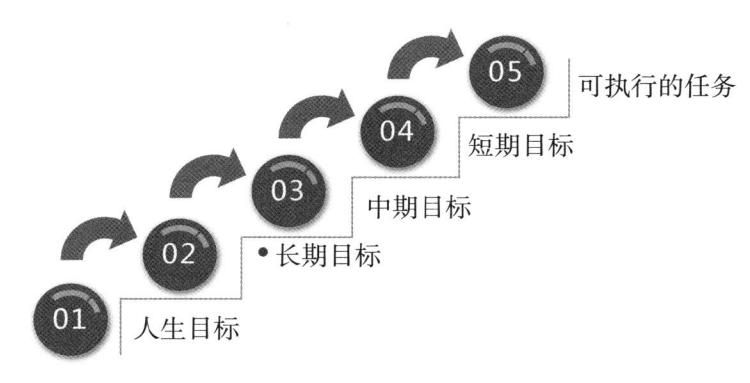

图8-4

人生规划：整个职业生涯的规划，时间长至 40 年左右，设定整个人生的发展目标。

长期规划：5~10 年的规划，主要设定较长远的目标。

中期规划：一般为 2~5 年内的目标与任务。

短期规划：2 年以内的规划，2 年内掌握哪些业务知识等。

确定以上各种类型的职业生涯目标后，就要把目标分解成具体的方案和措施来实现它们。这一过程中比较重要的行动方案有职业生涯发展路线的选择、职业的选择和相应的学习和培训计划的制订。

**目标分解**

即把大目标分解为一个个的小目标，将小目标一个个地实现，最终实现大目标。这样可以在面临一个看似大的难以实现的目标时减小你的压力，让大的目标变得容易实现（图 8-5）。

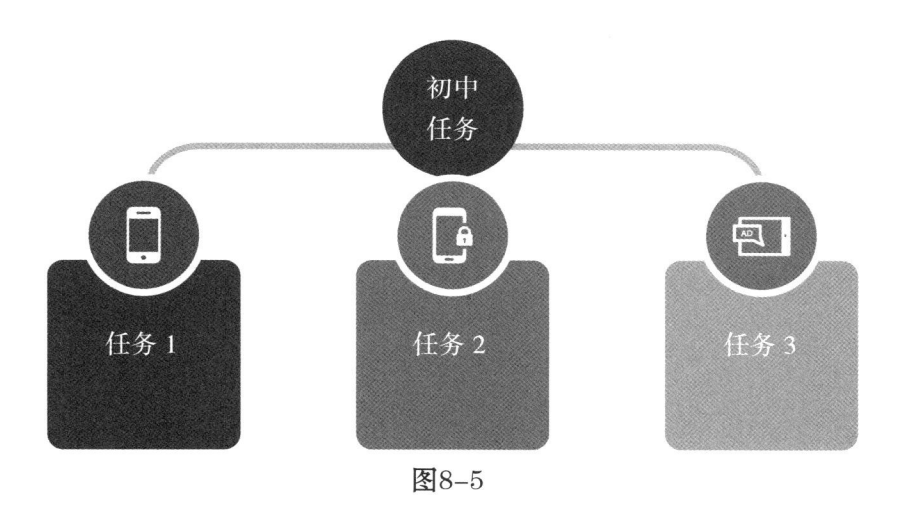

图8-5

**我的梦想清单**

梦想清单就是把自己的梦想写下来做成清单的意思，梦想是你的行为的内驱力。当你记录下生活中想实现的梦想并努力实现时就可以完成梦想清单。

梦想清单上的内容就是你想到的、梦到的或大或小的愿望，对于梦想有下面这样几个定义。

（1）梦想没有大小之分，成为一名科学家是梦想，去国内某地旅游一趟也是梦想。很多时候一个又一个小小的梦想，再加上真正的坚持努力，就可以造就你大大的成就。

（2）梦想与你自己的行动相关，是需要经过自己努力完成的事情，具体包含"愿望＋行动努力"相关的具体的方向。

（3）梦想是分长短期的。有些是你的想法，一下子看不到它的实现。有些是短期的，是可以列出行动计划表的。长期的梦想一定要找到一个短期的梦想附在后面，作为实现它的一个尝试或第一步，否则长期的梦想只能是幻想。

（4）梦想可以是拥有某项东西，但后面一定要有你附加的努力行动。不加行动计划就想拥有某项东西不是梦想。

### 设计梦想清单

主要思考下面几个问题：

（1）我有哪些梦想？（按渴望程度排序）

（2）每个梦想的实现需要什么条件？

（3）给梦想排列实现的先后顺序。

（4）我有什么办法去创造实现梦想的条件？

设计梦想清单的步骤：

（1）准备一个全新的空白笔记本。

（2）写下你心中很想做的事情。

（3）划掉心里那些其实并没有真的很想做的事情。

（4）分解你的实现逻辑。

### 生涯训练二

设计你的梦想清单

请重新整理你的梦想，形成表格式清单（表8-11），并把那些不太渴望且又费时费力的梦想删掉。

表8-11

| 序号 | 梦想 | 实现时间 | 已实现 | 备注（未实现的原因） |
|------|------|----------|--------|----------------------|
|      |      |          |        |                      |
|      |      |          |        |                      |
|      |      |          |        |                      |
|      |      |          |        |                      |
|      |      |          |        |                      |
|      |      |          |        |                      |

我发誓，这些都是我的真实愿望，我会做个追梦的人，从现在起就朝着我的梦想不懈努力。我还愿意把我的梦想告诉我的亲人和朋友，让他们监督我的行动，一旦我松懈下来，甘愿受到惩罚。一旦我完成了某个梦想，我就会在"已实现"栏内打勾，并给自己开一个小小的庆祝派对。

个人签名：

**初中生应撰写生涯规划书**

生涯规划就是在自我认知的基础上，根据自己的兴趣、性格、潜能、专业特长、价值观及社会资源，对自己的学业规划及将来要从事的职业与要达到的职业目标所做的方向性的方案。

无论是即将毕业的初中生还是高中生，也无论是否继续升学，职业选择对我们来说是迟早的事。因此，选择职业就是选择人生，特别是在价值观多元化的社会背景下，生涯规划的意义在于寻找适合自身发展需要的职业，实现个体与职业的匹配，体现个体价值的最大化。从而确定人生的方向，为准确定位提供奋斗目标和策略，并根据不同的职业特点评价个人的特点和强项。认真分析个人目标与现实的差距，找准职业方向，把握职业机遇，增强职业竞争力。同时，应根据不同的职业要求，认识自己的价值，并最终促使其增值，实现个人兴趣、能力、价值、事业、就业、单位及家庭的多赢局面。

对于初中生而言，尽早做好自己的生涯规划，可以避免学习的盲目性与被动性，对自己的目标了然于心，在我们未来的职业探索与发展中少走弯路，节省时间与精力。同时，生涯规划可以对我们起到激励作用，激励自己为实现设定的目标不断进取。

古人有语："志不定，天下无可成之事。"因此，生涯规划要趁早，制订生涯规划对每一个人都是非常重要的。

**生涯规划书的主要内容**

（1）引言。

（2）自我分析（"我是谁"，包括我的性格、兴趣、能力、价值观等）。自我分析主要包括对个人的需求、能力等的分析，确定什么样的职业比较适合自己，还有自己具备哪些能力。

（3）职业分析（包括家庭环境分析、社会环境分析、职业环境分析、组织环境分析）。短期的规划比较注重组织环境的分析，长期的规划要更多地注重社会环境的分析。

（4）计划实施（设计短期、中期、长期目标）。

（5）评估调整。生涯机会的评估包括对长期机会和短期机会的评估。

（6）结束语。

初中生生涯规划表可参考表8-12。

表8-12

| 姓名 | | | 性别 | |
|---|---|---|---|---|
| 出生日期 | | | 班级 | |
| 自我分析 | 性格 | | | |
| | 兴趣 | | | |
| | 优势能力 | | | |
| | 价值观 | | | |
| 我的SWTO分析 | 内部环境因素 | Strengths 优势因素（S） | | |
| | | Weaknesses 劣势因素（W） | | |
| 我的SWTO分析 | 外部环境因素 | Opportunities 机会因素（O） | | |
| | | Threats 威胁因素（T） | | |
| 我理想的高中 | | | | |
| 我理想的职校 | | | | |
| 我理想的大学 | | | | |
| 我理想的专业 | | | | |
| 我理想的职业 | | | | |
| 我的计划目标 | 初中一年级： | | | |
| | 初中二年级： | | | |
| | 初中三年级： | | | |
| 我的学习计划措施 | 1. | | | |
| | 2. | | | |
| | 3. | | | |
| | 4. | | | |
| | 5. | | | |
| | 6. | | | |
| | 7. | | | |
| | 8. | | | |

同学们可以根据以上表格的内容，结合自己的实际情况，完成个人生涯规划书。

## 第2节　了解高中生活

《普通高中课程方案和语文等学科课程标准(2022年版)》，进一步明确了普通高中教育的定位。针对长期以来存在的片面追求升学率的倾向，强调普通高中教育是在义务教育基础上进一步提高国民素质、面向群众的基础教育，不只是为升学做准备，还要为学生适应社会生活和职业发展做准备，为学生的终身发展奠定基础。

普通高中培养目的是进一步提升学生的综合素质，着力发展核心素养，使学生具有理想信念和社会责任感，具有科学文化素养和终身学习能力，具有创新精神和实践能力，具有自主发展能力和沟通合作能力。

进一步优化了课程构造。保留原有学习科目，在英语、日语、俄语基础上，增加德语、法语和西班牙语；将课程类别调整为必修课程、选择性必修课程和选修课程；在保证共同基础的前提下，为不同发展方向的学生提供有选择的课程。

增设"条件保障部分"，从师资队伍建设、教学设施和经费保障等方面提出详细要求。

总的来说，新版的普通高中课程方案和语文等学科课程标准进一步明确了普通高中的定位和目的，优化了课程构造，同时对教育保障提出了要求。

### 生涯体验

畅想高中

（1）小组内讨论交流，谈一谈自己听说或者梦想的高中生活是什么样的？

（可以从学习、交友、师生关系、校园环境、校园文化生活等方面展开讨论）

（2）每个小组可以用画图的形式分享讨论结果。

（3）通过查阅资料、实地考察、访问学长等多种途径去深入认识当地的不同高中，尤其是你心中向往的高中，要细致、全方位考察，如表8-13所示。

表8-13

| 我向往的高中 | 学校一 | 学校二 | …… |
|---|---|---|---|
| 学校性质 | | | |
| 学校排名 | | | |
| 学校地理位置 | | | |
| 校园环境 | | | |
| 学习氛围 | | | |
| 升学率 | | | |
| 办学特色 | | | |
| 师资水平 | | | |
| 校训校徽 | | | |

**普通高中的学业水平考试**

根据国家普通高中课程标准和教育考试规定，由省级教育行政部门组织实施的考试，主要衡量普通高中的学生，达到国家规定学习的要求和程度。

学业水平考试的科目为国家规定的所有学习科目，语文、数学、外语、思想政治、历史、地理、物理、化学、生物、艺术，或音乐、美术、体育与健康等科目，考试由省级教育行政部门统一组织。通用技术、信息技术考试可由省级教育行政部门制定统一的要求，确定具体的组织方式，考试成绩以"等级""合格""不合格"呈现，记入高考招生录取总成绩。

**学业水平考试等级呈现**

总成绩的学业水平考试三个科目成绩以等级呈现，其他科目一般以"合格""不合格"呈现。以等级呈现的成绩，一般分为五个等级。位次由高到低为A、B、C、D、E。原则上各省（区、市）各等级人员所占的比例依次为：A等级15%，B等级30%，C等级30%，D、E等级25%。E等级为不合格。具体比例由各省（市、区）根据基本教学质量的要求和命题情况等确定。考试成绩，是学生毕业和升学的重要依据。

实施学业水平考试有利于促进学生认真学习每门课程，避免严重偏科，有利于学校准确地把握学生的学习状况改进教学管理，有利于高考科学选拔符合学校特色和专业要求的学生，促进高中与高校人才培养的有效衔接。

**初中与高中的区别**

初中和高中虽然都属于中学阶段，但是随着我们年龄的增长、周围同学的变化、所学知识难度的增加等，我们在升入高中后可能在许多方面会发生很大的变化，需要面对许多新的问题。

1. 知识量变大

总体来说，初升高知识跨度非常大。初中学习的知识总量甚至不如高中一年的学习量。高中知识量明显增加，相比初中在学习内容上是一个由简到繁、由具体到深层挖掘的过程。因此，提前在暑假进行预习是非常必要的。

2. 授课方式不同

初中老师常常采用直观形象的教学方式进行反复讲解，老师要用较多的时间给学生具体辅导。进入高中后，老师上课更注重分析，反复讲解的做法少了，许多问题要求学生独立思考。而且高中学科多、老师多，每位老师教学方法不同、教学内容不同，对学生的学习要求也经常不一致。所以，只有适应每位老师的教学方法，才能促进自己的学习。

3. 学习方法不同

初中时期的学习方法比较单一，习惯于"听、背、默"，习惯于书面作业，习惯于依赖老师。高中的学习，要求学生学会独立学习、独立阅读、独立思考、独立分析问题和解决问题。学习方法要求灵活、多样，并要防止和克服单纯死记硬背、重记忆轻理解、重做题轻读书、重计算轻概念等不正确的学习方法。初中生需要在老师的带领下学习，而高中生的自主性更强。初中生学习节奏和上课进度会慢一些，高中生的课程多、上课的节奏更快。初中生需要完成作业，而高中生需要更多的模拟考试训练。

4. 准高中生心理变化莫忽视

初高中衔接时期是一个生理和心理巨变的时期。一些学生的适应性很强，能迅速调整，坦然过渡；也有一部分学生由于种种原因，产生了一些心理问题，走过了一段黯然神伤的历程。由于环境的转变，很多准高中生心理上还会产生如失落感、孤独感、失重感等现象。了解了准高中生将发生的这些变化，我们不妨及早地了解高中生活，利用暑假的时间做好充足的准备，以良好的心态迎接未来的高中生活。

### 了解新高考

高考是合格高中毕业生或具有同等学力的考生参加的选拔性考试。由教育部统一组织调度，考试日期为每年的6月7日和6月8日，部分地区含6月9日。值得注意的是当前在各省市实施"3+3"和"3+1+2"的新高考方案逐步成为主要的两种方案。

"3+3"中的第一个"3"指语文、数学、外语三科；第二个"3"指从化学、物理、生物、地理、政治、历史中选择三科。

"3+1+2"中的"3"为全国统一高考科目语文、数学、外语三科，所有考生必考；"1"为选修科目，考生须在高中学业水平考试的物理、历史科目中选择一科；"2"为再选科目考生在化学、生物、思想政治、地理科目中选择两科。

目前新高考实施状况：河北、辽宁、江苏、福建、湖北、湖南、广东、重庆八省市采用"3+1+2"的高考方案。这种方案打破了传统的文理分科，学生可根据自身的兴趣、能力、性格、特长，以及报考要求等选择考试科目。

高中除了学习文化课，还要提高自己的综合素质，高中生可以通过参加各种活动提高自己的综合素质。比如，演讲比赛、科技创新大赛、国学经典知识竞赛、运动会和运动员等级考试、学校学生社团活动与学生会等。

**初中中考改革变化**

教育部印发《关于进一步推进高中阶段学校考试招生制度改革的指导意见》。到2020年初步形成基于学业水平考试成绩、结合综合素质评价的高中阶段学校考试招生录取模式。具体改革方案有哪些呢？我们来梳理一下。

（1）推行初中学业水平考试，和以往不同，未来初中毕业考试和高中招生考试将合二为一，统称为初中学业水平考试。

（2）完善学生综合素质评价。学习成绩好不再是评价学生的唯一标准了。以后对学生的评价将更加多元，更加注重我们的日常行为表现。今后我们在初中里的行为表现，将计入综合素质评价档案并进行公示，提供给高中学校录取时参考。

（3）考试科目从"套餐"变"自助餐"。考试上的变化也不小，可不是说你只要语、数、外、体成绩好就行了。同学们还可以再挑一两个自己喜欢的科目参与录取。而对于动手能力强的同学们来说，选择职业教育的道路更加宽广。其中，更让我们开心的是，农村初中的同学们将会有更多机会进入优质高中和中职学校。

（4）自主招生政策更灵活。有特长的同学不要怕被埋没，未来高中学校将有更灵活的自主录取政策，保证你如果是金子一定会让你发光。此外，体育、艺术的加分项目将会取消，你的特长和特殊表现将成为综合素质评价档案中重要的组成部分。

此外，中考改革将实现"五五分流"，这将加大中职教育的发展力度，培养更多的职业技术型人才，这意味着将有一半的初中生无缘上普通高中，只能去上中职院校。

> **生涯思考**
>
> 我是否适合读高中
>
> （1）你觉得自己的中考分数能否达到当地普通高中的统招分数线？
>
> （2）在高中阶段，你是否会突然对所学学科感兴趣，并且努力学习取得好成绩？
>
> （3）你觉得初中未掌握的知识在高中是否能补上？
>
> （4）你是否有艺术、体育类特长？是否适合高考时选择艺术、体育类专业呢？
>
> （5）你觉得职高这种以实践为基础的教育方式是否适合自己？
>
> （6）你将来是否准备从事实用的工作，而不是从事学术研究？

## 第3节　认识多彩的职业高中

中国人的传统观念就是望子成龙、望女成凤，家长们对职业教育有误解，认为学无所成，低人一等，没有前途。希望自己的子女上普通高中之后能考上好大学，之后考研究生、博士，最终找到一个高薪的工作。他们以为普通高中升学是唯一的出路，把自己的孩子养成"鸡娃"，忽略了职业教育的存在。甚至大部分孩子们也是先考虑有无上普通高中的可能性，然后决定是否走中等职业这条路。

2019年2月，国务院印发了《国家职业教育改革实施方案》。该方案开篇的第一句话就是"职业教育与普通教育是两种不同的教育类型，具有同等重要地位。"特别是，在提升一流人才培养和创新能力的战略任务中提出"加快发展现代职业教育，不断优化职业教育结构与布局，推动职业教育与产业发展有机衔接，深度融合，集中力量建成一批中国特色高水平，职业院校和专业，引导高等学校和职业学校及时调整学科专业的结构，加强创新人才特别是拔尖创新人才的培养，加大应用型、复合型、技术型、技能型人才培养比重"。这些要求进一步表明了在培养一流人才的战略任务中，职业教育同样承担着重要的任务，这也充分体现了职业教育和普通教育有着同样重要的地位和作用。这是在国家层面首次公开肯定了关于职业教育的社会地位。

### 职业高中知多少

职业高中又称为职高，全称为职业高级中学，是职业中学的一种，是普通教育与职业教育相结合的中等学校，属于高中阶段的一种中等职业教育。

目前大部分的职业高中是 20 世纪 80 年代在改革中等教育结构的基础上由普通高中改建而成，职业高中的培养目标与中等职业学校类似。职业高中的学制一般为 3 年，毕业后为"职高"学历，可以参加对口高考继续升学高等职业学校，也可以参加普通高考，继续上大学。职业高中重点培养学生具有能直接从事某一职业的技能知识、职业道德和操作技能；对于文化基础课，要具有相当于普通高中的水平。

对于初中的学生而言，在中考结束后，部分成绩不太理想的学生会选择到职业高中读书，为将来升学做准备。职业高中对于大多数人来说还是较为陌生的。接下来，让我们一起来了解有关职业高中的信息，帮助大家了解职业高中，为升学提供一种新的选择。

国家的重视利于职高的发展。近年来，国家重视职业教育发展，建立了很多全国示范性的高职高专院校和骨干高职高专院校。我国高职高专院校的扩招，意味着国家对高职院校培养的技能人才、应用型人才的需求增多。从 2022 年 5 月 1 日《新职业教育法》的正式实施，也可以看出未来我国职业教育大有可期。

相较于普通高中，职业高中更注重学生专业技能的培养，注重锻炼学生的动手能力，因此从将来就业的角度来说，在职高上学的学生的专业经验会比普通高中的学生更丰富。从升学的角度来说，职业高中与中专、技校更注重学生文化知识的培养，在职高学生参加职高对口升学、单招等升学考试的时候会更有竞争力，更有利于学生升学。

其实无论是上职高还是上普通高中或是职业高中都要参考学生的情况，不要盲目选择，只有适合学生的才是好的。再者无论上什么学校，能不能顺利升学都与学生个人的努力相关，学校只能够起到辅助作用，因此对于想升学的学生来说，努力是必不可少的。

**职业高中的培养目标**

职业高中培养目标的落脚点是培养第一线工作的高素质劳动者和中级、初级专门人才。职业学校的主要任务是为就业服务，职业高中教育侧重综合职业能力的培养。职业高中以培养某一职位或岗位工作所需要的技能、技术能力为主要目标，为生产第一线培养"下得去、用得上"的应用型技术、技艺人才和管理人才。

所以学生既要能动手，又要能动脑，既有理论知识又有实践技能，既有学历证书又有执业资格证书，具有复合型人才的特征，以适应生产第一线职业岗位人员知识、技能、结构多样化的发展。

**职业高中人才培养的重点**

职高一般指职业高中。职业高级中学是在改革教育结构的基础上发展起来的中等职业学校，大部分由普通中学改建而成，一般招收初中毕业生，学制3年。

培养目标与中等职业学校类似。职业高中属于初中毕业后考入，职高毕业后可以参加对口高考继续升学。

职业高中是高中的一部分，通常简称高中阶段。一般来说，职高和普高并无区别，只是职高要求知识性和技能性并重；而普高则更重文化性。

职业高级中学是中华人民共和国的一种职业教育学校。职业高级中学与普通高中不同之处在于职业高中重点培养中级技术人员和管理人员、中级技术工人和从业人员，职业高中分各种专业，而普通高中不分专业。

职业高中的专业包括：幼师、种植、养殖、机电、电子电工、汽修、计算机、建筑、旅游、医卫、会计、文秘、商贸、英语、音乐、美术、服装、服饰艺术、表演、烹饪、影视制作、楼宇、印刷、动漫等。

**职业高中与普通高中的区别**

近年来，全国各省都逐步推进中考改革，而这也使一部分初中毕业生选择读职高。那么到底它和普通高中又有何区别？

1. 课程设置与学习内容不同

普通高中开设：语文、数学、英语、物理、化学、生物、地理、历史。

职业高中开设：语文、数学、英语、专业课（其中专业课知识是根据学生所选择的专业而制订）。

职业高中的授课内容与普通高中的授课内容有些区别。普通高中的授课内容，主要为语文、数学、外语以及物理、化学、生物，或者政治、历史、地理。职业高中授课内容为语文、数学、外语，和专业知识、专业技能。普通高中以升学为主。职业高中主要是以就业为主，不仅学基础的文化知识和专业知识，学校还会安排实习和实践课程，以利于技术型人才的培养。

2. 学费的收缴标准不同

通常来说职业高中的学费要比上普通高中的费用低，除此之外部分普通高中的学费还根据中考成绩划分为公助档和自费档。

3. 人才培养的侧重点不同

（1）职业高中重点培养技术型人才，普通高中重点培养知识型人才。

（2）职业高中培养中级职业能力的职工和从业人员，职业高中分各种职业工种，而普通高中不分职业工种。

（3）职高要求文化性和职业技能性并重，而普高则要求重文化性。

4. 升学的渠道不同

普通高中毕业后可以参加高考，职业高中毕业后也可以参加类似的考试，考试通过后也可以进入高等学府继续学习深造。当然，职业高中的考试内容会与普通高考有所区别。

当通过普通高考和通过职业高考进入大学后，二者基本没有什么区别，学习同样的知识，颁发同样的证书。

5. 毕业去向不同

职业教育毕业之后，选择的出路比较多样，可以对口升学，也可以选择就业；相比之下，普通高中以升学为主，也没有学专业性的知识和技能很难直接找工作。

6. 入学要求不同

普通高中对成绩要求是非常高的，因此按分数选择学校。而中职学校如自己愿意学这门专业课的话，可以报名入学，除非热门专业及学校之外。有些有名的中职学校门槛很高，需要考职教高考，而且需要满足其他条件才能入学。

7. 资助政策不同

普通高中对家庭经济困难的学生提供国家助学金，平均为2000元，而且对于经济困难的学生免除杂费。而对于经济困难的中职生，国家实行免学费，补助生活费等政策，而且现在中职学校也有奖学金政策，自2019年起开始实施。

**职业高中的优势**

（1）职业高中的学生通常比传统学校的学生接受更多的实践性、职业性的教育。

（2）职业高中允许学生获得从事技能劳动所需的特定技能，如数控编程。在职业高中，学生可以与训练有素的指导顾问会面，并选择最有助于他们进入大学的课程，或者是毕业后的职业生涯。

（3）在职业高中，一个训练有素的辅导员可以帮助学生选择最好的大学预科课程，他们可以为学生提供全面的教育。

（4）职业高中毕业生因技术水平高、专业技能强而深受用人单位和企业的欢迎。

（5）职业高中文化课的学习压力没有普通高中大。在职业高中可收获文化素质、专业素质和职业素质这三种素质；获得工作能力、创造能力和成才能力这三种能力；还可以获得职业技术等级证书、职业资格证书、毕业证书这三大证书。

综上所述，职业高中相比普通高中并不差。如果你平时学习成绩不理想，想学一门技能，那么职业高中就是你的不二之选。

职业高中的专业设置（表8-14）。

表8-14

| 专业 | 技能方向 |
| --- | --- |
| 计算机平面设计 | 计算机科学技术 |
| 市场营销 | 国际经济贸易 |
| 汽车运用与维修技术 | 汽车检测与维修、汽车维修业务接待 |
| 汽车车身维修技术 | 汽车美容、汽车维修钣金、汽车涂装 |
| 新能源汽车运用与维修 | 汽车检测与维修、汽车维修业务接待 |
| 汽车营销与服务 | 新车销售、二手车销售、售后服务、配件管理 |
| 计算机网络技术 | 网络组建与维护、网络建设与网页美工 |
| 软件技术 | 移动互联软件开发 |
| 数字应用媒体技术 | 影视策划、拍摄与制作 |
| 人物形象设计 | 个人形象设计、影视造型设计 |
| 烹饪工艺与营养 | 中、西餐烹饪，点心制作 |
| 旅游管理 | 互联网旅行策划、旅行社 |
| 空中乘务 | 空中服务、地勤、地铁服务 |

**生涯探索**

我的职业设想

通过调查访谈，了解职业高中热门的专业或你喜欢的专业的就业方向，科学的职业生涯规划可以帮助你面对今后复杂的职业抉择和激烈的职业竞争。未雨绸缪，夺得先机。思考一下你的职业设想，并填在表8-15中。

表8-15

| 姓名 | |
|---|---|
| 我的理想职业 | |
| 理想职业需要的条件 | |
| 我现在具备的从事该职业的优势 | |
| 我现在存在的从事该职业的不足之处 | |
| 为了实现我的职业理想，现在应当怎么做 | |

## 第4节 与未来相约

**生涯故事**

马和驴子

唐太宗贞观年间，有一匹马和一头驴子，它们是好朋友。贞观三年，这匹马被玄奘大师选中，出发前往印度取经。17年后，这匹马驮着经书回到长安，重到磨坊会见驴子朋友。老马谈起这次旅途的经历，浩瀚无边的沙漠，高耸云霄的山岭，凌云的冰雪，壮阔的波澜，神话般的一切，驴子听了大为惊异、好生羡慕！驴子惊叹道："你有多么丰富的见闻呀！那么遥远的道路，我连想都不敢想。"老马说："其实，我们跨过的距离是大体相等的。当我向西域前进的时候，你一步也没停止。不同的是，我同玄奘大师有一个遥远的目标，朝始终如一的方向前进，所以我们走进了一个广阔的世界。而你被蒙住了眼睛，一生就围着磨盘打转，所以永远也走不出这个狭隘的天地。"

**点评**：这个故事给我们最大的感触：要像故事中的马一样，做事情一定要有一个长远的目标，并为之奋斗。人生更是如此，要懂得合理规划自己的职业生涯，有目标、有计划地前进。

"凡事预则立，不预则废。"今天，我们就来关注一个话题：未来的生涯规划。

### 生涯探索

自我成长——我是谁

请写出自己的20个优点，探索自我（性格、兴趣、技能及价值观）

_____

_____

### 生涯发展

生涯发展是一生当中连续不断的过程，它概括了个人一生中所拥有的各种职位、角色，因此生涯不是个人在某个阶段所特有的。根据生涯规划大师舒伯1953年提出来的生涯发展理论，生涯发展可分为5个阶段，分别是：

1. 成长阶段

从出生到14岁，主要的角色是儿童，主要的任务是发展自我的概念。

2. 试探阶段

从15~24岁，该阶段的主要角色是青少年，主要的任务是通过各种活动对自我能力、职业进行探索，因此在选择职业时有较大的弹性。

3. 建立阶段

从25~44岁，这个阶段的主要角色是青年，任务很多，而且有不同的变化，有的是工作，有的是生活，主要任务是建立好职业。

**4. 维持阶段**

从 45~65 岁，这个阶段的角色是中年，任务很多，并且复杂。除了继续维持他的工作上面的位置，有的时候也会面对新人的挑战。

**5. 衰退阶段**

65 岁以上，主要角色是老年人，开始发展新的角色，寻求不同的方式来满足自己的需求。

人的一生主要包括学业阶段、职业阶段与退休生活阶段。在此基础上进行生涯管理的过程，也是结合个人自身所处的环境，根据自己的个性、兴趣、能力与价值观等因素，制订全面、长远的个人成长发展计划。

## 生涯探索

你当前的生涯困惑

人生需要规划，但人生应该怎么规划？对于你的未来，对于你的职业生涯，你有困惑吗？请把它们写下来，按程度依次填写。例如，我不清楚我的规划中可以利用的资源。

困惑一：_____

困惑二：_____

困惑三：_____

**分享与讨论**

（1）这些困惑在做生涯规划时给你带来什么样的影响？

（2）你打算怎么解决这些困惑？

## 生涯训练

生命绽放——描绘我的生命线

你如何成为今天的你？分析生命线上的各种事件，看看是哪些因素影响了你，使你成了今天的自己？

（1）将下面任务框的横线最左边标记为零，作为你生命的开始，横线最右边标记为自己预估的人生寿命。在横线上面，用三角符号标注你现在所处的位置。

0 ──────────────────────────→

（2）画过去线。在过去这段时间轴上标出重要的事件点，在时间轴上方，表示当时的感觉很美好，感觉越好，位置越高；在时间轴下方，表示当时的感觉不好。选择喜欢的颜色笔，把这些事件点连成线。

（3）描绘未来，先根据未来会出现的重大事件带来的感受和期望的程度，在时间线上描绘对应的位置，选择喜欢的颜色笔，用虚线把事件连起来。

思考并集体讨论：你打算为生命曲线中的重要事件做哪些准备？

___

## 生涯名词

### 生涯幻游

生涯幻游是制订职业生涯规划经常用到的一个工具之一。生涯幻游就是把你带到你期望的未来场景中，看看自己到底想要的是什么？到底在践行什么？

生涯幻游活动是结合音乐欣赏，透过幻游的画面，带领参与者去他想象的未来空间，并鼓励参与者分享自己的幻游情景，最终协助参与者了解自身的期待与价值观，对未来给予期待与规划。

通过生涯幻游，我们可以从事业、家庭、休闲、学习四个维度探索自己的价值观，分析一下自己哪些方面比较缺失，没有规划到。

比如看到自己五年之后只有工作、学习，没有休闲、家庭，那就可以考虑一下有闲暇的时候自己有什么乐趣可以发掘，家庭方面是不是真的不需要家人的陪伴。

通过生涯幻游，我们可以找到自己现在与未来梦想的差距，在缺失的方面多弥补多学习。

比如看到五年之后要成功的自己，接下来需要规划的是如何才能深入了解并学习的知识与专业，通过哪些渠道学习，学习的时间规划如何，等等。

## 生涯体验

体验生涯幻游

请老师阅读引导词，阅读时必须缓慢和放松，最好播放轻柔的背景音乐，在标注（停顿）的地方要有停顿。

这有点像催眠游戏，你需要做的是幻想，不用说话，在心里记下自己的幻游经历。

好，现在请你尽可能放松，在你的位子躺下或调整到你觉得最舒服的姿势。

现在闭上眼睛：尽可能放松自己（停顿）调整你的呼吸：呼气（停顿）、吸气（停顿）、呼气（停顿）、吸气（停顿）。好，保持这样平稳的呼吸。

接下来，放松身体每一部分肌肉：放松（停顿）、放松（停顿）、放松（停顿），想象现在你已经乘坐上时空穿梭机，目的地是五年后的某一天。

想象你正好清晨刚醒来（停顿）。

现在，希望你想象自己经由时空旅行到未来五年后，五年后的世界，在五年后的某一日……新的一天，而你刚醒来，几点了？你在哪儿？你听到什么？闻到什么？你还感觉到什么？有什么人与你在一起吗？是谁？现在，你已起床了。下一步要做些什么？

现在，你正在穿衣服。请注意你穿的是什么？一旦你穿上了，你要做些什么？你的情绪如何？你意识到什么？

现在，你正要去某地。回头看时，你刚才离开的地方像什么？

（暂停）

你上路了，坐什么交通工具？

（暂停）

有人和你在一起吗？

谁呢？

（暂停）

当你走时，注意周围的一切

（暂停）

后来你到目的地了

（暂停）

你在何方？

这地方像什么？

（暂停）

对这儿，又意识到什么？

（暂停）

在这儿，你要做什么？

（暂停）

旁边有人吗？有的话，与你是什么关系？

（暂停）

你要在这儿逗留多久？

（暂停）

今天你还想去别的地方吗？

（暂停）

在这一天中，还想做的是什么？

（暂停）

现在，你回家了，今天是什么日子？

（暂停）

到家时，有人欢迎你吗？回家的感觉如何？既然到家了，想做的是什么？

（暂停）

你会与别人分享你做的事吗？

（暂停）

你已准备去睡了，回想这一天，你感觉如何？

（暂停）

你希望明天也是如此吗？

（暂停）

你对这种生活的感觉如何？

过一会儿，我将要求你回到现在，回到学校及教室来，我从10开始倒数，当我数到0的时候，就可以睁开眼睛了。

好，10，9，8，7，6，5，4，3，2，1，0。

好了，好了，你回来了，请睁开眼睛，看看周围的一切。

欢迎你旅游归来，请你不要说话，用画笔或文字把刚才的旅途心境与感受描绘出来。

（1）五年后与今天有何不同？

人：_____

事：_____

生活内容：_____

（2）五年后与今天有何关系？

延续了今天的：_____

改变了今天的：_____

最深的感受是：_____

（3）请说明下列问题。

你在进行幻游过程中，印象最深刻的画面是：_____

你在进行幻游后，对比与现在环境最大的不同点是：_____

你在进行幻游后，最深的感受是：_____

你在进行幻游后，觉得未来的生涯发展会是怎样的？

你认为自己未来会从事_____职业。

你认为自己的未来会与幻游过程相关吗？

_____

_____

讨论：在憧憬未来时，你会考虑哪些因素？还应考虑哪些因素？

◆我会考虑的因素：_____
◆还应考虑的因素：_____

**总结**：影响职业生涯规划的几大因素：当前的经济状况，亲人和朋友的影响，社会环境、竞争环境对择业决策的影响。个人兴趣、志向对择业决策的影响，个人能力、体格、气质、性格、价值观对择业决策的影响。个人职业生涯规划设计应该遵守择己所长、择己所利、择世所需的原则。通过前面的练习，做出适合自己的职业生涯规划。

21世纪是一个充满美好遐想和机遇的盛世。这是一个物竞天择、适者生存的竞争激烈的社会环境。但我们相信，机会总是青睐那些有准备的人，爱拼才会赢。在生命的长河里，我们奋力地划着这两支叫规划和行动的船桨，在规划的可贵、行动的快乐中朝成功的彼岸前行；在前行的路上，真心地希望我们的方向是明确的、坚实有力的！

作为一名中学生，我们一定要努力，一定要坚持，一定要成功！只有努力，才能够成功！只有坚持，才能无怨无悔！只有成功，我们才能拥有精彩的人生！

# 参考文献

[1] 刘毅，王健，赵建勋. 初中生生涯规划 [M]. 哈尔滨：哈尔滨工业出版社，2020.

[2] 赵世俊，管以东. 初中生生涯规划与发展 [M]. 南京：江苏凤凰科学技术出版社，2021.

[3] 彭跃红，贺小卫. 初中心理健康教育 [M]. 北京：清华大学出版社，2018.

[4] 赵世俊，莫晔. 中学生生涯规划 [M]. 南京：江苏凤凰科学技术出版社，2012.

[5] 姚本先. 学校心理健康教育新论 [M]. 北京：高等教育出版社，2010.

[6] 俞国良. 现代心理健康教育 [M]. 北京：人民教育出版社，2007.

[7] 廖丽娟，周隽. 中学生心理课生涯发展 [M]. 北京：中国轻工业出版社，2015.

[8] 林崇德. 中学生心理学 [M]. 北京：中国轻工业出版社，2013.

[9] 霍华德·加德纳. 智能结构 [M]. 沈致隆，译. 杭州：浙江人民出版社，2013.

[10] 朱桦. 多元智能与生涯教育 [M]. 北京：中国纺织出版社，2021.

[11] 钟敏. 青少年生涯教育的关键词 [M]. 重庆：重庆大学出版社，2018.

[12] 薛俊生，李晓天，张彤. 高中生涯发展指导 [M]. 长春：长春出版社，2019.

[13] 缪仁票. 高中生生涯规划 [M]. 武汉：武汉出版社，2018.

[14] 杨忠健. 生涯教育与心理健康教育有何关系 [J]. 中小学心理健康教育，2011.

[15] 康喜萍. 心理健康教育与生涯规划教育的结合研究 [J]. 成长之路，2020.

[16] 俞国良，曾盼. 心理健康与生涯规划 [J]. 教育研究，2008.

[17] 黄天中. 生涯规划理论与实践 [M]. 北京：高等教育出版社，2007.

[18] 陈瑞山，肖得心. 中小学个别心理辅导 [M]. 福州：福建教育出版社，2018.

# 后 记

  《生涯教育》（初中版）分为上下两册。本套书围绕初中生的生涯发展特点和需求，参考了国家相关的生涯教育政策，切合初中学生的身心发展特点，精心设计了初中生的生涯教育核心内容。这套书，对生涯教育讲师而言是教案，对学生而言是学习的教材，每个主题内容主要包含生涯困惑、生涯体验、生涯名词、生涯故事、生涯训练等；每个环节设计都在活动体验中体现，在体验中解决问题，引发对生涯的思考，让学生在活动中有所体验，在整个活动过程中以达到唤醒初中生的生涯意识、不断完善自我认知和生涯探索、实现自我发展为主要目的。

  编写这套书的主要目的是满足生涯教育工作者开设初中生涯教育课程的需要。本套书经过两年多时间的深研、提炼而成。在课程中将生涯教育与心理健康教育融合一体，加入了新的生涯教育理念，更能体现系统性、专业性、实用性的特色，弥补了目前初中生涯教育教材的空白。

  使用本套教材时，建议与《初中生涯教育》教材的 16 节课的 PPT 配套使用。课程原设计是每周开设一节生涯教育课程，16 节课正好是一个学期，完成上下册教材的学习与讲授任务。由于各个学校的教学安排与课时安排不一，再加上有部分主题的编写内容比较多，生涯讲师可以根据实际情况灵活调整教学计划。关于本教材的指导使用，从教学管理方面，我们要求生涯教育讲师通过生涯教育课程严格系统的培训，考核合格后可以根据教材内容与课程设计，编写教学方案，在当地学校指导下开展生涯教育工作。我们希望通过本教材帮助更多的人了解初中生涯规划的目的、内容、主题与教学设计思路，真切地体会生涯教育的价值，也期望能为初中生涯教育的研究与实践提供不同的视角。

朱桦<br>
2023 年 10 月